予言怪談

JN053698

松岡真事
西浦和也
朱雀門出
住倉カオス
幽木武彦
夕暮怪雨
田中俊行
ホームタウン

竹書房
怪談
文庫

目次

田辺青蛙

吉田悠軌

※本書は体験者および関係者に実際に取材した内容をもとに書き綴られた怪談集です。体験者の記憶と主観のもとに再現されたものであり、掲載するすべてを事実と認定するものではございません。あらかじめご了承ください。

※本書に登場する人物名は、様々な事情を考慮してすべて仮名にしてあります。また、作中に登場する体験者の記憶と体験当時の世相を鑑み、極力当時の様相を再現するよう心がけています。今日の見地においては若干耳慣れない言葉・表記が記載される場合がございますが、これらは差別・侮蔑を助長する意図に基づくものではございません。

予言怪談

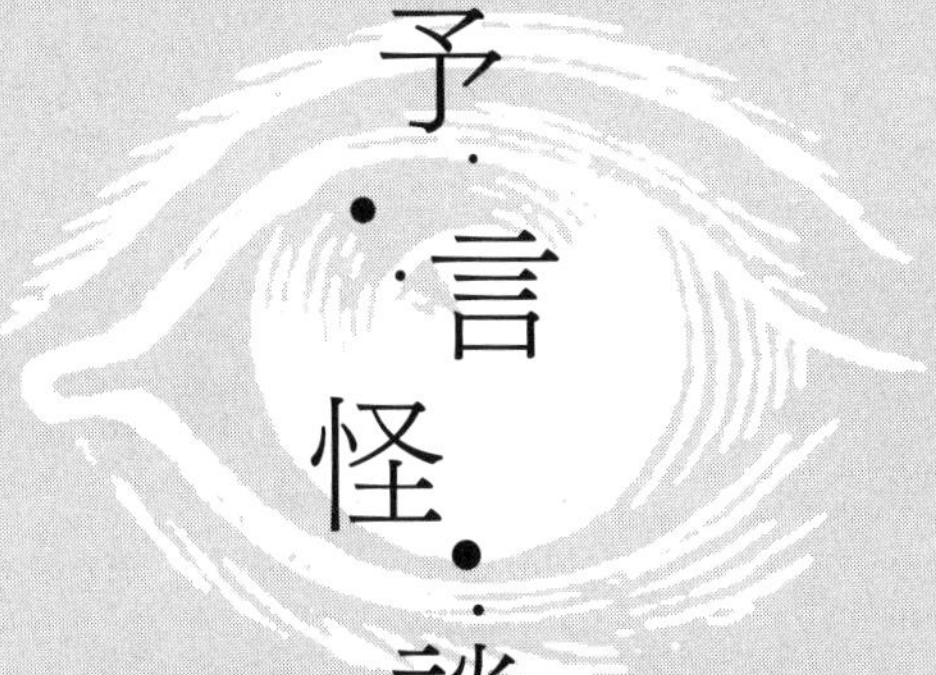

田辺青蛙

戦争を予言する柿

柿の実がびっしりと成った木の前で「もしかしたら、戦争が起きるかも知れません……」と聞いたのは二〇二一年の晩秋だった。

木津川（きづがわ）市のとある場所にある小さな池は「首洗い池」と呼ばれている。

理由はというと、平家の武将、平重衡（たいらのしげひら）がこの地で首を落とされて、池で首を洗われたからだそうだ。首はその後、奈良に運ばれて般若寺（はんにゃじ）で晒された。

「首洗い池」の側には、地元では「ならずの柿」と呼ばれる木が一本生えている。

重衡が死の直前に柿の実を望んだことに因んで、地元の人が哀れに思って植えたそうだ。

しかし、何年経っても木が全く実をつけなかったことが、名前の由来となった。

過去には重衡の無念に思う気持ちが、柿の木が実をつけるのを許さないのではないかという人もいた。

その後、何百年経っても実がならなかったこの柿の木に、ついに実がなった年があった。何か起こる前触れではないかと、近隣の人達は赤い実を見るたびに心が騒いだそうだ。

そして、その翌年に日清戦争が起こった。

次に実がなった年の翌年に日露戦争が起こった。

それから、昭和六年にも柿がびっしりと実り、それは太平洋戦争開始の前触れだった。

以来、ならず柿の木が実ると、戦争が起こると言われるようになった。

昨年の秋にならずの柿を見に行ってみると、今まで見たことがない程たくさんの実をつけていた。

二〇二一年の翌年は、ロシア・ウクライナ戦争が起こった。今回も戦争の先ぶれではないかと言う人もいるが、何も無いことを願いたい。

死神を見る

アメリカのダラスに行った時だった、焼け付くような日差しと暑さで、熱中症になってしまいそうだった。

少しどこかで休もうと思い、目に入ったカフェに入ると、クーラーの冷気で生き返ったような気持ちになった。メニュー表と共に運ばれて来た氷水が染みるように美味く感じ、私は喉を鳴らして一息で干してしまった。軽食と冷たいオレンジ・ジュースをオーダーし、お代わりした水を飲みながら、ふと窓の外に目を向けた。

日差しの中、道路に向かって写真を撮る男性の姿が目に入った。

この暑い中酔狂なと思ったが、しばらくして撮影していた場所が、歴史的事件が起こった地点だということに気が付いた。

一九六三年十一月二十二日の金曜日、現地時間、午後十二時三十分に第三十五代アメリカ合衆国大統領ジョン・F・ケネディは、テキサス州のダラスで暗殺された。

男性が撮影していた場所のディーリープラザ・ナショナルヒストリック・ランドマーク・ディストリクトには白い×で印が書かれている。

カフェを出た後に、ここが暗殺ポイントなら近くにある筈と思いたって、オズワルドがケネディを狙撃した場所とされる建物に私は向かった。そこは現在、シックスフロア博物館として暗殺事件に纏わる様々な資料が展示されている。

一通り展示を見た後で、博物館のボランティアガイドに、何か怪談めいた話はないかと質問してみたところ、こんな返事があった。

「ああ、あるよ。傘を差した死神の話がね。

ケネディが暗殺された日、多くの人々が写真を撮っていたので、その瞬間、何が起こったのかを徹底的に調べ上げるために、政府関係者はできる限りの手を使って写真を集めて、さまざまなアングルから現場を検証したんだ。

その結果、謎めいた人物が数名、写真や映像から浮かび上がってきたんだ。

中でもすごく目立った人物がいたんだ。事件当日のダラスは快晴だったにもかかわらず、黒い傘を手に持った、見るからに怪しげな男の姿が写っていた。

他に傘を差していた男はおらず、そもそも当時のダラスでは女性でも日傘を差すことは一般的ではなかったんだよ。

映像の中で彼は、ケネディ夫妻の乗ったオープンカーが近づいて来た時に、パッと傘を開いて頭上に高くかかげ、時計回りにゆっくり回しはじめたんだ。

すると、偶然かも知れないが、急にカーブに差し掛かったわけでもないのに、オープンカーが速度を落としはじめた。次の瞬間、ケネディ大統領の頭は弾丸によって吹っ飛ばされていた。

あの傘は暗殺の合図だったんじゃないだろうか……。

以上が陰謀論派の連中が、男はＣＩＡの関係者で、傘を合図に使ったんじゃないかとい説と共によく出される話だけれど、一部の人々の話によるとね、彼は人ではないと言われているんだ。

ケネディ大統領の死の気配を感じ取ってやって来た、死神ではないかってね。

と、いうのも、ケネディ大統領の暗殺事件前から、あの男を見たという目撃談があって、その後に身内が拳銃自殺したり、銃の事故で亡くなったりとか、その手の話があったからなんだ。

僕自身、過去二回、雨が降ってないのに傘を差した男を見たことがあって、銃によってではないけれど、その直後に親族が亡くなっているんだ。

だから、死神が死の気配を察知するか、予知してやって来ているんだと思う。

傘は死神に必須の何らかのアイテムではないかな。

もしくはあれが、魂を刈り取る為に使う鎌で、生きている人には傘にしか見えないのかも知れない」

そう言って、傘を持った死神を見た後に亡くなったという親族の写真を、彼は私に見せてくれた。

その後、別の場所で「傘を差す死神」を見ると死期が近いという、米国の都市伝説があるという話を聞いた。

大きな蚯蚓（みみず）

京都に住むKさんの家には、大きな蚯蚓に纏わる不気味な話が伝わっている。

Kさんの家に現れる大きな蚯蚓は、夜ずるずると部屋中を這い回り、老人の声で不吉な予言を触れ回るが、家長しか見えないのだそうだ。

故意であるかどうかにかかわらず、大きな蚯蚓を家長が踏みつぶすと消えて、予言されたことが起こらなくなるが、殺しそこなうと予言は実現してしまうという。

Kさんが小学校に上がる頃に、家の中に大きな蚯蚓が現れて、Kさんが大怪我を負うという予言をぶつぶつ言いながら、家の中を這いずり回った。

Kさんのお父さんは、大きな蚯蚓を見たのはそれが二度目のことだったそうで、仕事を休んで、蚯蚓の家の中を巡回するルートと速度を目で覚えて把握し、渾身の力を込めて踏みつぶした。

そのおかげか、Kさんは今までこれといった大きな怪我をしたことが一度も無いそうだ。

Kさんのお父さんは、時々あの大きな蚯蚓を踏みつぶした感触が足の裏からぞわぞわっと沸き上がって来ることがあるらしく、そういう時は必ず夜更け過ぎに高い熱が出て、とても苦しそうだという。

Kさんは今のところ、一度も大きな蚯蚓を家の中で見たことが無いそうだ。

お父さんに一度目に見た時どうだったと、何度Kさんが聞いても全く教えてくれないと聞いた。

かぼちゃ

奈良県に住む小川さんが、家でかぼちゃを炊いていると、「このようになる」という大きな声が聞こえた。

聞き覚えのない声で、振り返ったが誰もおらず、戸締りを確認したが鍵はしっかりと閉まっていたし、家に誰かがいた形跡も無かった。

もしかして、お化けの類だろうかと思って、小川さんは台所で食卓塩をパッパと撒いた。

そのことを夜になって仕事場から帰って来た家人に告げたが、怪訝な顔をされただけだった。

インターネットで調べても類話や似た体験談も見つからず、意味も分からなかった。

翌日、買い物帰りに、ビルから突然人が落ちて来た。

ドンっと地面に体がぶつかる音を聞いた後も、しばらくその場から小川さんは動くことができなかった。

「見た瞬間、助からないと分かったんです。ビルのあちこちに引っかかって落ちたのか、体の半分が潰れていて、丁度橙色の夕日に照らされた様子が、煮たかぼちゃみたいで……本当に、人の体なのに、煮崩れたかぼちゃに凄くよく似てたんです。色も形も……見た目があまりにも似てたせいか、出汁（だし）や醤油やみりんで煮た甘いかぼちゃの煮物のにおいや味を錯覚で口内で感じたくらい、似てたんです。本当に……人なのに……かぼちゃにしか見えなかったんです」

取材中、そう何度も目の前で小川さんは繰り返していた。

小川さんは、その場で警察に電話をして、救急車を呼ばないといけなかったのだが、あの時かぼちゃを煮ていた時に聞いた「このようになる」という声が頭の中で蘇って来て、気持ち悪くなったので家に走って帰ってしまった。

それからというもの、小川さんは大好物だったかぼちゃの煮物を食べることができなくなった。

「このようになる」と言った声との関連は未だに分からず、声を聞いたのはあの一回だけで、不思議な体験も他には何も無いそうだ。

憑き物の予言

憑き物がつくと先見ができるようになるという。

京都のJ市に住むという人からこんな話を聞いた。

「僕の姉がですね、死にかけた猫を通学路で見てから、なんかぼんやりと未来が分かるようになったたって言い出したんですよ。

そん時姉は、受験生やったんで、勉強がしんどいから変なこと言うんやなって、僕は相手にしてなかったんです。

だけど、それ以来ね、急にうがいで喉をごろごろやる時みたいな音を口から出して、にたぁ～って気持ち悪い笑みを浮かべて、おまえの子は沼で溺れ死ぬとか言うんです。

僕がね、姉ちゃん縁起でもないって何度言っても止めないんです。

他にもね、十年後に、僕が大病するとか、失恋した相手を殺そうとしてもできなくって自殺未遂をするのは四十の時とか、そういうことばっかり言うんで、流石に嫌になってね、親に伝えたんですよ。

姉ちゃんが、俺の将来ろくでもないことが起きるって、縁起でもないことずっと言ってくるって。

だけど、姉はそんなん言ったことない、弟が嘘ついてるって、しらばっくれるんです。

僕、かなり頭にきてねえ、姉とはそれっきりしばらく話さないようにしたんです。

それから、口を利かなくなって二ヶ月くらいした頃ですかね、布団で寝てたら生臭いにおいっていうか、獣臭さを感じて目を開けたら姉が髪の毛でこう、天井からぶら下がって僕の顔を覗き込んでたんですよ。

目がらんらんと闇の中でも光っていて、思わず『うわああああ!!』って大声をあげてしまったんです。

そしたら姉がぼとって僕の上に落ちて来て、重くて痛かったのと、驚かされた苛立ちもあって思わずパーでベチン!! って叩いたんです。

そしたらニャ――――!! って猫みたいな鳴き声がして、姉ちゃんが起き上がって僕の顔見てこういったんです。『今まで姉ちゃんが言うたことは嘘や、絶対に本当にならん、未来に起こらん』って唱えてと。

僕意味分からんし、姉ちゃんさっき、天井からどうやってぶら下がってたんかとか聞いたんです。

そしたら質問無視されて、同じこと言われて、渋々唱えたんですよ。今度はナ～ンってちょっと甘えた感じの、猫の声がして、姉ちゃんは『ヨシ』って頷いて、部屋から出てたんです。

翌日このことを親に言っても、ねぼけてたんやろとしか言われないし、姉ちゃんも何も答えないんです。

ただね、そんなことがあってから数ヶ月経って、庭の桜が咲いてたからあれは四月やったかな？

庭にね、猫を抱いた行き倒れがおって、僕が警察を呼んだんです。

身元不明やったらしいんですけど、靴下にインクペンで名前が書いてあって、それが僕と同じ同姓同名やったんです。

警察署の人に親は親類じゃないかと確認されたと聞いたんですけど、心当たりは全く無かったです。

なんかその行き倒れの人がね、親が警察署の人から聞いた話によると昔女性への付きまといで傷害事件の未遂を起こしてたとか。

だから姉ちゃんがなんか言ってた先のことって、僕じゃなくってその人の過去の話なんと違うかなってその時に思ったんです。

せやけど、あの時姉ちゃんが言う通り否定する言葉を言ってなかったら、あの行き倒れみたいな人生を俺も送ってたんかなあって、たまに不安になるんです。姉は今、どうしてるかって言うと仏教系の女子大に合格して、とある寺院の住職さんと結婚して元気にしてますよ。

なんか旦那さんと付き合うようになったきっかけがね、悪いもんが憑いてた形跡が君にある。だから自分がどうにかしたげたいから、側にいたいって変な口説かれ方されたそうです。あの時言ってた、死にかけた猫が憑いて変なことを姉に言わせていたんかなあ。分からないけれど、姉のことは未だに苦手で関係に距離がありますね」

黒い桜

「黒い桜が咲くと不吉なことがあるから気を付けるんだよ。」

少し呆けはじめた、祖母にそう言われたK子さんは苦笑するしか無かった。

就職が決まり、学生時代から交際していた彼との婚約が決まったという目出度い報告に来たというのに、不吉を予感させるようなことを、家に上がって直ぐに言われたからだ。

「おばあちゃん、黒い桜なんて無いよ。それよりね、私色んな良いことが決まったんだよ」

そう伝えても、何を言ってもその日は「黒い桜には気を付けなさい」と繰り返すばかりだった。

もうそういう年だから仕方ないと思い、K子さんは祖母と同居している伯母に菓子折りを渡して、家に帰った。

そして、K子さんは家の玄関の横に置いてあった盆梅を見て、悲鳴をあげてしまった。

薄桃色の梅の花に黒い蟻がビッシリと集り、その様子がまるで黒い花のように見えたからだ。

「庭で何かあったの？」とK子さんの声を聞きつけて、母親がやって来た。

「あら、虫がこんなについちゃって駄目ねえ、蟻って道が分からなくなってぐるぐる回って集団で死んじゃうことがあるっていうけれど、花にこんな風に集うこともあるのねえ。この盆梅おばあちゃんが気に入って買って来てくれたのに」

K子さんは祖母から、黒い桜に気をつけろと今日伝えられたことを母親に言った。

もしかしたらこの盆梅のことを指した言葉だったのではないかと思ったからだ。

すると母親は偶然でしょと言って、取り合ってくれなかった。

でも晩御飯の時に、急に真顔になって、庭にある梅の木は桜梅という品種で桜の文字がつくから、桜の木だと思って祖母が買って来て送ってくれた物だと教えてくれた。

夜K子さんは昼間見た盆梅のせいか、夢の中で黒く蠢く花をつけた大きな桜の木の夢を見た。怖いと思った時、側に婚約者となった彼氏が立っていた。

K子さんは咄嗟に彼に助けを求めると、黒い桜の花がざわざわと枝を揺らしながら、彼の腹部にずぶずぶと沈み込んでいった。黒い枝は彼の腹部をぼこぼこと膨らませ、形を変え、やがて大きな蟻の顎に変化した。その様子のあまりの悍（おぞ）ましさに目を覚ましたK子さんは、まだ早朝だったが彼に携帯電話で連絡を取り、腹部に最近異常を感じていないかと聞いた。

すると、最近食欲が前より無くて変な圧迫感があるけれど就職前だから緊張のせいだと思うし、大したことないという返事がすぐさま返って来た。

数日後、K子さんは嫌がる彼を人間ドックに連れて行った。すると検査結果で、彼の腹部に悪性の腫瘍が見つかった。

その後、K子さんは内定を貰った会社を辞退し、別の会社に就職を決めて働くにした。それから二年後、その会社がネットニュースで酷いブラック企業だったことが明らかになった。

婚約した彼とは結局その後上手くいかず、破局してしまったが、その後すぐに新しい恋人が見つかった。

祖母の家に週末のたびに行って、伯母と共に介護の手伝いをしているK子さんは、時々黒い桜のことを聞いているけれど、そんなことを言ったことすら祖母は忘れてしまっているそうだ。

赤い田んぼ

某社の編集者のＩさんから聞いた話だ。

「赤い田んぼを妊娠中に見てはいけないって話を知ってます？」

私が首を横に振ると、Ｉさんは続けた。

「十歳くらいの時に、家族のことや、自分が生まれた時のことを調べる宿題が学校から出たんで、お母さんに聞いたんです。

あなたは、難産で大変だったとか、するっと生まれて来たとか、お父さんが付き添いだったとか、仕事で間に合わなかったとか、そういう体験談が聞けるとなんとなく予想していたんです。だけど、お母さんが話してくれたのは予想とは全く違った内容だったんです。

お母さんの家というか、家系には妊娠中に赤い田んぼを見てはいけないっていう話が伝わっていたんだそうです。

それは、赤い田んぼを見ると、赤ん坊が生まれてこない。流産してしまうって伝承なんです。

当時、お母さんは既に東京に住んでいましたし、都会の方が医療施設も充実しているっていうんで、里帰りの予定も無かったんで、田んぼなんて見る可能性はないだろうって思っていたんです。

そもそも、赤い田んぼは、夕暮れで赤く田が染まるまで農作業をやっていると体が冷えるから、遅くなる前に帰りなさいって意味なんだろうって考えていたそうなんです。

でも、お母さんが妊娠してからしばらくして、他の妊婦となんだか色々と様子が違うことに気が付いたんです。つわりが酷く辛いし、お腹がやけに大きい、もしかしたら他の人の倍近くあるっていうことに。

初産でお母さん、かなり不安になっていたらしいんですが、当時は今と色々と事情が違ったし、里帰りをしないって決めたから相談に乗ってくれる親も近くにいなかったでしょ。

夫も仕事で遅くまで帰って来なくって、心配ごとを伝えても『俺にはどうしようもない、医者に聞いてくれ』って言うばっかりだったみたいで、今だと酷いお父さんってことになりますが、当時は標準だったそうです。本当に昭和ってヤバイ時代ですよね。

医者も当時はエコーとか無かったらしくって、ちょっと見て順調ですよ。羊水が多い人だと、これくらいお腹大きくなりますよって伝えられたんです。

お母さん、そろそろ産まれるって時期になったら寝返りもできないくらいポーンとお腹が大きくなっていたらしく、毎日ふうふう言いながら生活していたんです。

お父さんの帰りは遅いし、食べ物のにおいも辛いから、だましだましお中元で貰った水ようかんなんかを食べながら毎日を過ごしていて、娯楽もテレビを見るくらいしか無かったんです。

そして、ある日いつもみたいにテレビを見ていたら急に、真っ赤な田んぼが画面いっぱいに映しだされたんです。

家の伝承のことが頭に過ったから、チャンネルを変えなくちゃってお母さんは直ぐに思ったらしいんですが、当時のテレビって今みたいにリモコンでパッとボタンを押せばチャンネルが切り替わるのではなくって、ガチャガチャとテレビに点いたレバーみたいな形のダイヤルを回さないと違う番組に切り替えれなかったんです。

お腹が大きいから素早く動けないし、テレビまでは距離があったから、チャンネルを切り替えたいけれど、切り替えられない。そうだ、目を閉じて他のＣＭかシーンになるのを待てばいいってお母さんは思って、目を瞑って百くらい数えたらしいんです。

そして、再び目を開けると……まだ赤い田んぼで、水が光を受けてきらきら輝いていて、稲の間をトンボが何匹も飛び回っている、そんな映像だったそうです。

よたよたと歩いてテレビに近づいて、消すまでずっとその赤い田んぼは映し出されていたので、これは変だおかしい、何か起こってるってお母さんは思って実家に電話をかけたんです。

そしたら、その日の内に田舎から電車を乗り継いでお爺ちゃんとお婆ちゃんがやって来たんです。

そして、子供が生まれるお印があったら、この中に入ってる物をなるべく噛まずに飲みなさいって言って、赤いお守り袋みたいな、巾着をお母さんに差し出したそうなんです。

お母さんは、大きなお腹をさすり、ふうふう言いながらうけ取って中を見ようとしたら、怒られてその時までは駄目って注意されたって聞きました。

お爺ちゃんもお婆ちゃんも帰りの電車が無い遅い時間に家に着いていたのに、なんかごにゃごにゃ言って、出てってしまってお母さんは一人ぼっちになってしまったんです。それからしばらくして破水があって、記憶が途切れ途切れになったらしいんです。でも、今日貰ったあの巾着の中身をなんとかしなきゃ、見なきゃ、そういえば噛まないで飲めとか言われてたな、なんだろって開けたらそこには小さな干からびた蜜蜂の死骸が数匹入ってたんです。

気持ち悪いし、もしかしたら体に悪いかもって思ったけれど我慢して、お母さん目を白黒させながら一匹飲み込んだんです。

そっから完全に意識がなくって、気が付いたら病室の天井を見ていたらしいです。

そして医師から告げられた言葉で、実は双子を妊娠していて、一人は死産でもう一人産まれた子供は私だったことが分かったそうです。

赤い田を見たら流産すると言われていた。

避けるには、親に言われたように巾着の中身……蜜蜂の死骸を飲むべきだった。

あの時、一匹じゃなくって二匹飲めばよかった……って、お母さんぼろぼろ泣き出してしまったんです。

赤い田んぼって、なんだったんでしょうね。流産の危機や先ぶれを告げる予兆なんでしょうか？　田辺さんは分かります？

わたしはこの話を聞いたせいか、っていうか元々全く予定無いんですけど、妊娠が怖いんですよ。

もしこの先結婚することがあっても、子供は絶対に持ちたくないですね。

田辺さんも、妊娠する時にうちの家系の人じゃないですけど、赤い田んぼを見ないようにしてくださいね。もし見てしまったら連絡ください。お母さんに蜜蜂残っているかどうか聞いてあげますから」


赤い田の話はこれで終わり、その後普通に原稿の打ち合わせをして解散となった。

私は編集者のIさんの御母堂に、蜜蜂がお産に関係があったとは個人的には思わないので、そのように伝えて欲しいと言ったのだけれど、断られてしまった。私は医師でも専門家でもなんでもないので、当然の判断かも知れないが少し寂しい気持ちが残った。

そして、この打ち合わせ以来気になって、今も時々「赤い田んぼ」についての記録が何かないか、文献やインターネットで調べ続けている。

科学不信の碑

自然の驚異を予想することなんてできるのだろうか？

そんなことを考えさせられてしまう、非情な話を聞いた。

「ここ最近国内外で、火山の噴火のニュースをよく目にするでしょう。日本はね、火山大国です。

この国のシンボルとなっている富士山がそもそも火山ですし、いつ噴火したっておかしくありません。

南海トラフだってそうです。テレビや新聞で起こるって言ってるけれど、どれだけの人がちゃんと備えてます？　それに、起こる起こるって言っても、いつ起こるのか具体的に答えられた人がいないでしょう。

僕はね、人の力で自然の出来事を予知するなんてできっこないって思ってるんです」

こう、喫茶店でまくし立てるように語ってくれたTさんは、現在は大阪在住だが、四歳まで鹿児島県に住んでいた。

Tさんの父親と祖父は、桜島在住で、いつ爆発するか分からない火山を見あげながら過ごしていた。

祖父には年の離れた兄がいて、大正三年の桜島大噴火の時に行方知れずになってしまったという。

「父から聞いた話なんですけどね、大正三年の一月に、何度も断続的に大噴火が起こり、空から黒煙が沸き上って、大量の溶岩流出が繰り返されていたそうです。

この時の桜島の火山活動は「桜島の大正大噴火」と呼ばれていて、近代国家成立以降本邦最大規模の火山噴火として記録されています。死者行方不明者の数は、五十八人。

今この規模の噴火が起こってしまったら、犠牲者の数はこんなものではないでしょうし、噴火の影響は九州だけでなく、本州の半分近くまで及ぶと予想されています。

空港も閉鎖されるでしょうから、日本の空路は半分鎖国状態に陥るでしょうね」

Tさんの話に驚いていると、彼は咳払いをしてこう続けた。

「田辺さんははどの程度、予測に関する情報を頼りにしますか?」

私は天気予報程度なら当てにしていますと答えた。毎朝、予報を見て、傘を持って行くかどうか決めているからだ。

「でも、それだって当たらないことがありますよね。田辺さんは、桜島の小学校に、櫻島爆發記念碑＝通称「科学不信の碑」があるのを知っていますか?」

私は知らないと正直に答えた。

「桜島の人々は、毎日火山を見て生きているんです。そんな島の人が噴火の予兆じゃないかって異変を感じたことがあって、祖父の親や兄もその人々の中に含まれていました。

でも、測候所（現在の気象台）は「噴火の可能性はない」と島民に伝え、避難する必要もないと言ったんです。測候所は科学技術を駆使してだした噴火予想だから、間違いないと思い込んでいたからそう伝えたそうなんです。結果、島に残っていた人々は、突然火柱を噴き上げる大噴火になすすべもなく、逃げる間もなく何名も犠牲となってしまいました。

測候所の当たらなかった無責任な噴火予知を呪い、科学技術による奢りを糾弾する碑文を忘れられないよう、後世に残す為に石に刻みつけたのが、この碑なんです。

親父も祖父もね、その碑の近くで行方知れずになった兄さんを見たことがあるって言ってました。

暗い目で、何を話しかけても反応は無かったそうですけど……。

そういう体験を聞いていたせいか、僕の祖父も預言や予知なんぞ信じるな、お前の身一つで異変を感じたらすぐ逃げろと言っていました。

だから僕、土建関係の仕事してるんですけどね、自分のカンを何よりも信じてるんです。あ、この現場ヤバイなとか、怪我するなとか、今日何か起るだろうなって……何か言葉にできないんですけど、違いがあって分かるんです。

だけど、毎回自分のカンが当たるわけじゃなくって、時々見えないモノに助けられることもあるんです。

毎回ね「T!」って名前を呼んで、助けてくれる存在がいるんです。最初に助けてくれたのは、高校一年生の時で「T!」って名前を呼んで振り返ったら、少し先でバイクの横転事故があったんです。あれはそのまま振り返らずに進んでいたら、巻き込まれていたと思います。

僕を助けてくれるのはその名前を呼んでくれる何かと、もう一つ……多分それは親父や祖父が碑の側で見たっていう、祖父の兄だと思う存在なんです。

親父が言うには祖父の若い頃、俺にそっくりだったんですよ……だからかな崩落事故の時、足を掴んだ何か人じゃない者に助けられたことがあるんです。

その現場僕以外の人は助からなかったんで、心霊体験を語るのも良いことなのかどうか分からないんですが……なのでこの体験談は幽霊が家族を助けてくれた話じゃなくって、親父がかつて口を酸っぱくするようにして言っていた、何を置いても自分を信じて逃げろ。科学ですら信頼できないぞって話をメインに書いて下さい。予言や予知なんてできないって俺、思ってるんで。それに僕を助けてくれた存在も気のせいかも知れないんで……偶然運が良かっただけの可能性もありますから……」

この話を載せるかどうか、かなり迷ってしまったが、記録として必要かと思う部分もあったので、編集者にテープ起こしに少し手を加える程度にして送ってしまった。

この話をしてくれたTさんの祖父は大変用心深く、七十を過ぎて足が悪くなってからは、もしもの時に備えて家の中でもヘルメットを被ってご飯を食べていたそうだ。

吉田悠軌

しゃべった！

その日、小学生だったミホさんは父親と散歩をしていた。

父の両腕には二歳になる弟が抱かれている。

歩いているのは新宿区西落合の恵比寿通りという道路。そこに当時あった、エスビー食品のカレー工場の脇を通り過ぎたところだったという。

寝ていた弟がむっくり頭をもたげると。

「今から車と車の事故が起こるよ」

はっきりと、大人びた口調で、そう言った。

ミホさんと父はまず、このしゃべり方に驚いた。これまでせいぜい単語二つを繋げることしかできなかったのに、いきなり複雑な言葉を発したのだから。

「すごいぞ！　しゃべった！　しゃべった！　マコトがちゃんとしゃべった！」

父は親馬鹿丸出しで喜びながら、ミホさんの方を見た。

いやお父さん喜んでるけど、車と車の事故ってなにそれ。

ミホさんが問いただそうとした瞬間。

信じられないほどの轟音が、すぐそばで響いた。

目の前で、二台の車が衝突したのだ。

自分たちの前から来た車と、後ろから来た車。それぞれが互いに反対車線の方へとよろめき、正面衝突したのである。住宅街の道なのでガードレールもなく、停止した事故車二台で道は塞がってしまった。

警察や救急車が来るよりも前に、現場は大勢の人だかりでごったがえした。

そんな中、父親はすっかり興奮しながら、大破した二台の車の前で騒ぎ立てていた。

「すごいでしょう！　こいつさっき、この事故を当てたんです！　まだ二歳のこいつが当てたんですよ！　すごいですよね！」

野次馬たち一人一人に、そう説明して回っていたのである。

だが弟はもう二度と予言めいたことは言わなかったし、あんなに長い言葉を発したのも四歳を越えてからだった。

赤いしるし

リカさんが中学一年生の部活中。

バレー部員の級友と、体育館の扉を開けた時だった。

はじめは誰も、その異変に気づかなかった。他に人のいない体育館の中で、倉庫から用具を出している途中のことだ。

「ちょっと上、見て！」

友人の叫び声につられて、リカさんが顔を上げると。

体育館の天井の真ん中に、数百個もあろうかという大量の赤い風船が浮かんでいた。

それらはバラけることなく一塊に集まっており、梁材につっかえて停止していた。だからまるで天井のその部分だけ、真っ赤な色で染まっているかのように見えた。

リカさんたちはあわてて体育館を飛び出した。バレー部顧問の教師を呼びに行くためだ。しかし職員室から先生を連れて戻った時には、あれほどあった赤い風船が一つ残らず消えていたのである。

「先生には叱られるし、他の友だちには信じてもらえないし。さんざんだったけど、実はその数日後にですね」

そこまで聞いたところで、私は思わずリカさんの話を遮った。

「すいません。もしかしてその後ってこうなったんじゃありませんか……」

私が述べたのはずいぶん大まかな予想だった。しかしリカさんにとってはそれだけでも驚きだったようで。

「え、やだ、気持ち悪い。なんで分かったんですか？」

話の腰を折って申し訳ない、と私はまず謝罪してから。

「実は前にもこんな話を聞いたもので……」


サキエさんがまだ幼かった頃のこと。

太平洋戦争も末期に近づいていた。東京から離れたこの町にも、そろそろ米軍の空襲がやってくるのではないかとの噂が広まっていた。

不穏な空気に包まれていた、そんなある日の昼過ぎあたり。

お使いから帰ってきたサキエさんは、家に戻るための坂道を下りようとしていた。なにげなく目線を下げ、自分の家の屋根が視界に入ったところで、なにやら奇妙なものを発見する。

赤く細長い、布のようなもの。ちょうど赤い六尺褌（ふんどし）を一本伸ばしたような、そんな形状と長さに近かったのだが。

それが屋根の上に、まっすぐ立っている。しかもまるで下から強い風が吹いているように、シュルシュルと回転しながら。

赤い布は、屋根のどこかにひっかかっているのではない。

空中に浮かんだままで、かといって飛ばされることもなく、その場で垂直にシュルシュル、シュルシュルとはためいているのだ。

「みんな、きて！」

サキエさんは大声で近所の人たちを集めた。とはいえ誰も、その赤い布がなんなのか見当すらつかない。ただ彼女の家の屋根を、不思議そうに眺めているばかりだ。

「おーい、ちょっとこっちまで上がってみろよ」

と、坂のずっと上の方にいたものが呼びかけてきた。なんのことかと皆でぞろぞろ上へ登ってみると。

「あれ、あそこにも」

「本当だ、そこもほら」

ちらほら、そんな声があがりだした。

サキエさんの家だけではなかった。眼下に見下ろした町並みの、他の幾つかの家の屋根にも、同じような布が浮かんでいるではないか。

見えるところでは十数軒ほど。

バラバラに離れているかと思えば、幾つか固まっているポイントもあったりと規則性はよく分からない。

ともあれ町に点在する灰色の瓦屋根の上で、真っ赤な布が垂直に立っている。

シュルシュル、シュルシュルと震えるようにはためいている。

それがなんとも、おかしな光景だったらしい。


「数日後、サキエさんの町のすぐ近くにＢ２９がやってきました」

私はリカさんに説明を続けた。

幸い、工場群があったのはやや離れた地域だったため空襲の被害はそれほどでもなかった。

しかしＢ２９の焼夷弾によって焼けた隣町からは、風に乗ってさんざんに火の粉が飛んできたという。

それが幾つかの家屋に引火し、飛び石のような延焼が各戸で起きた。十数軒の家が全焼してしまい、その中にはサキエさんの家も含まれていた。

「もう気付いたかと思うけど、そうして焼け落ちた家というのは」

全て、屋根の上に赤い布が回っていた家だったのである。

「そう、そうなんですよね。火事なんです」

リカさんが相槌をうつ。

「じゃあその後って体育館が？」

「いや私の場合は別に、体育館が燃えた訳じゃないんですが」

赤い風船の群れを見てから三日後、友人の家が全焼した。あの時、リカとともに風船を見た二人の友人のうちの一人である。

「どこから火が出たのか分からないそうで……」

放火ではないかとも噂されたが、犯人の目撃情報はいっさい出てこなかった。現在にいたるも、火災原因はずっと不明のままなのだという。

交換日記

キノさんという女性から聞いた話。

つい先日、キノさんのもとに中学時代の友人から久しぶりに電話で連絡があった。

彼女の名前を仮にエーコとしておこう。同じ剣道部に所属していた部活仲間である。

「覚えてるかな？　私たち女子部員の七人全員で、一年くらい交換日記を交わしていたじゃない？」

エーコにそう言われ、おぼろげな記憶がよみがえった。

交換日記。そんなことをしていたのは確かだ。しかし中学生だったのは三十年も前のこと、さすがに日記の内容はほとんど覚えていない。

「うん、私もその日記のことなんかずーっと忘れてたんだけどさ」

昨年の秋、彼女の実家がリフォームした際のこと。母親が階段下の納戸から古い日記帳を見つけたので、どうすればいいかという連絡がエーコに入った。

「それ聞いて懐かしくなっちゃって。すぐこっちに送ってもらったのよ」

日記は一冊の大学ノートだった。表紙には「○○中学校・剣道部」とのタイトルがあり、その下には部員の名前が各自の筆跡で書かれていた。

　さらに帳面の表には古いメモ用紙が、ずいぶん茶色く錆びたゼムクリップで挟まれていた。そこに書かれていたのは次の文言。

〝タイムカプセルは記念日に開けました〟

　いったいなんのことだろうか。この交換日記をタイムカプセルに入れた記憶などいっさい無い。第一、これはうちの実家の納戸にしまわれていたのだし……。

　エーコは仲の良かった部員たちに連絡を取ってみた。そのうちの一人がキノさんなのだが、誰一人としてタイムカプセルについての心当たりは皆無だった。

　おかしなことは他にもあった。日記が続けられていた期間は、二年八ヶ月と思ったよりずいぶん長かったことだ。

「変だよね？　私たち一年だけで止めたんじゃなかったかな、って思うじゃない？」

　確かに最初の一年は、キノさんとエーコを含めた部員全員が順繰りに回し書きしていた。ただそれも次第に億劫になり、自然消滅するかたちで交流は途絶えた。

　キノさんも、おそらくノートは誰かの元にストップされたままになっているのだろうな、と思っていた。

　しかし二年目の夏以降も、三人のメンバーによってひっそりと交換日記が継続されていたようなのだ。

「それが、OとKとF」

ずいぶん懐かしい名前だ。部活外ではほとんど交流がなかったので、まさか人生で再びこの三人の名前を耳にする機会がくるとは思わなかった。

「そうでしょ。でもさあ、おかしいじゃない？」

なぜノートの最後の持ち主が、三人と親しくなかったエーコなのだろうか。いささか気味悪く感じたのだが、もはや連絡先も分からない彼女たちに黙って処分するのも気が進まない。とりあえず日記の中身を読み進めてみたのだが。

「ちょっと変なページがあったの」

当時、剣道部では稽古の終わりに毎日、十分間の正座および黙想を行っていた。精神統一の鍛錬を目的としたものだ。

へとへとに疲れた後の黙想は眠気との闘いである。キノさんもエーコもよく居眠りをしては、顧問に気合いを入れられていた。つまり竹刀によって、音が出るほど背中を叩かれていた。

OとKとFは、そこで一計を案じたようだった。

「黙想のたびに幽体離脱にチャレンジした……って書いてあるのよ」

確かに当時は新興宗教や精神世界がブームだったこともあり、幽体離脱という用語をよく耳にしたものだ。少女漫画誌のコラムにも「幽体離脱のやり方」なる指南が掲載されていた記憶がある。

「それからなのよね。三人の交換日記の合間に、変な『図』が出てくるの」

その図だけは、ノートを横向きに使って描かれていた。

道場を真上から見た様子を記録しており、顧問と部員の名前、それぞれが正座している位置が記されている。そして各人の後ろや横には、意味不明な書き込みが付されているのだという。「おじいさん」「女の人」「火」「車」「男」といった言葉を丸で囲んだ印、さらに矢印や記号、数字などである。

その奇妙な図が出てくるのはノート内では計六回。必ず第二か第四の金曜日であり、O・K・Fのうち誰が作成しているかは不明である。

しかしその図がなんだというのか。エーコがわざわざ電話してきた理由はどうもそこにあるようだが、まだ要領を得ない。キノさんがその旨をエーコに伝えてみると。

「だってほら、『火』って書かれてるのがミヤコちゃんなんだけど。覚えてるでしょ？」

……そうだ。そう言われたとたん、記憶の糸が紐解かれた。

ミヤコは中学卒業間近に、理科室でアルコールランプをひっくり返し、ボヤ騒ぎを起こしていたではないか。

「あとはマキ。あの子の横には『男』って印があったんだけど」

彼女は高校生になってからストーカーに悩まされていた。当時はストーカーという概念も広まっておらず、警察が動いてくれず難儀していたのを覚えている。

「最後の図には、私の横に数字が書かれていたの」

エーコが低い声で呟いた。

「2×2って書いてあった」

エーコは二度の離婚を経験し、子どもが二人いる。

もちろんただの偶然かも知れない。その他の部員全ての人生を調べた訳ではないのでなんとも言えないのだが、とにかく。

「これって予言じゃないのかな?」

〝タイムカプセルは記念日に開けました〟というメモから、エーコはそう推測しているようだ。

OとKとFは、中学二年生の夏から秋にかけて書いたこの予言ノートを、どこかのタイミングでタイムカプセルに埋めて保管していた。そして二十年後か三十年後にそれを掘り起こし、エーコの家に置いてきたのではないか、と。

なぜそんなことをするかの意味は、エーコ自身にも説明がつかないのだが……。

「あの三人、自分たちの予言が当たったのを自慢したかったのかもね。こんなオバさんになってから知らされても意味ないけどさ」

ちなみに、キノさんのところにはなにが書かれていたのか訊いてみると。

「牛」「狼」「蛙」

そんな三文字が記されていたらしい。

生き物が書かれていたのは、部員の中でもキノさんだけだったとのこと。

この予言が当たっているのかどうか。

今のところキノさんには、人生においてこれらの生物に関わった心当たりはいっさいない。

籠目

「……子どもの頃、こっそり隠れてする遊びがありました」

確か、そんな風な語りだしだったように覚えている。

私はその時、知人が主催する百物語会に参加していた。谷中のお寺の本堂を借りて、宵の口から朝日が昇るまで数十名の参加者たちが百話目指して怪談を語り合うのだ。

十年前まで、毎年夏に開催されていた百物語会である。当時は怪談の催しものが少なかったため、いつも怪談仲間の誰かしらが参加していた。

その夜、私としては三度目の参加だっただろうか。少なくとも、すっかりその場に慣れていたのは確かだ。

そして私は徹夜にたいへん弱い人間である。深夜二時三時と刻むうち、睡魔に勝てずいつのまにか本堂の隅で眠りこけてしまった。いや正直に言えば、少し眠ってしまおうという確固たる意思のもと、わざと目をつむり柱に体を預け、意識を遠くに飛ばしていたのだ。

どれくらい経っただろうか。

ふと目を覚ますと、何十話目かの怪談語りが始まっていた。

「変な遊びだったんです。あれは誰に教えてもらったのか……」

半分以上の参加者は顔見知りだが、それは初見の男性だった。怪談会なので照明も薄暗く、私自身が寝ぼけ眼（まなこ）だったせいで顔貌は判然としない。それでも中年というには少し若い、三十代半ばほどの痩せた男だったように覚えている。

「頭から大きな籠を被るんですよ。両腕をこう水平に伸ばして。肩のあたりで籠を固定して……」

すっぽり被った籠の中でじっと目を凝らしてみるのです、と男性は言った。すると籠の網目の向こうに、きらきらと小さく光るものが瞬きはじめるのだ、と。

「それはそれは綺麗な光で、私はいつもそれをうっとりと……」

そこから先の話は覚えていない。

おそらくまた眠りこけてしまったのだろう。ここから彼の体験がどのように展開していったのか気になるところだ。とはいえ怪談を語り慣れている様子でもなかったので、本当にこれだけで話が終わってしまった可能性もある。

ふたたび目覚めた私はすっかり元気を取り戻した。朝までに百話語り終えたいという主催者の要望に応え、一人で短い怪談を一気に五話六話と語ったほどだ。

そうして百物語を達成し、特に怪異も起こらないまま無事解散となった。

その時は私も、例の男性にコンタクトを取ろうとせず、まっすぐに家路についた。多少気になっていたものの、まさか「居眠りしていたからもう一度話してください」とは言えなかったのだ。

だが月日が経つうち、あそこで語られた話を、というより語られた映像をどうしても忘れられない自分に気付いた。籠を頭から被り、両手をピンと水平に伸ばして遊ぶ子どものビジュアル。それがいやに印象に残り、折に触れて思い出してしまうのだ。

一緒に参加していたはずの怪談仲間たちに訊ねてみたが、返ってくるのはいつも「いっさい知らない」「そんな話をした人いたっけな」という答えだけだった。


なんとも朧気な思い出話を聞かせて申し訳ないが、これには理由がある。

その数年後、まったく別の人間から似たような話を聞き及んだのだ。

私の知人を通じて、面識のない人物からのメールが何通か送られてきた。四国出身の三十代女性ということしか分からない当人物は、あまり私に素性を知られたくないらしく、間接的なメール取材しかさせてくれなかった。

やけに警戒心が強いようにも感じたが、体験談の内容を知るうち、それは彼女の親族を庇うための心遣いだったのかと納得した。

ともあれ、彼女からのメールを再構成したものを以下に記しておく。

＊

――そろそろ本題に移らせていただきます。

あれは私の小さい頃の記憶、まだ四国の実家に住んでいた頃の記憶と、その家の祖先（というほど古い筋ではないのですが）にまつわる話です。

私には子どもの頃、こっそり隠れてする遊びがありました。

先ほどから申し上げている通り、実家は四国のとある田舎町です。

そのためか、一九九〇年代というのに「しょい籠」というものが倉庫に置いてありました。竹で編んだ大きめの籠で、背中にしょって荷物を入れる、昔のリュックサックですね。

よくは知りませんが、今でも中国地方や四国地方では山作業などに使う人がいらっしゃるようです。

田舎なので実家の敷地はかなり広く、しょい籠が置いてある裏手の倉庫は、めったに家族もこないし人目につかないところです。

幼い私は、そこで籠を頭から被って、ぐるぐる回るのが好きでした。

籠はすっぽり入れば胸までくる大きさですが、それだと頭のてっぺんにぶつかって、ずれたり跳ねたり安定しません。

なので、だらりと垂れた背負い紐に、あらかじめ左右の腕を通しておきます。

その両腕をぴんと横にはり、籠を肩に乗せるように被れば、ちょうどよく固定されて具合がいいのです。

籠をすっぽり被った私は、ぐるぐるぐるぐる……体を回転させていくのです。

するとだんだん酔っぱらうような感覚になり、籠の目の隙間から、おかしなものが見えてくるのです。

まず、細かい編み目からわずかに覗く外側が、きらきら輝いていきます。

太陽や照明の光ではありません。不思議な紫がかった閃光が、だんだんと籠の外に広がっていくのです。

それでもまだ、ぐるぐるを続けていきます。

すると今度は、白く細長いものが浮かぶのも見えてきます。ミミズみたいですが、もっとスラリとした、絹の糸のような質感です。きらめく紫色の世界に、白いくねくねが、たくさんたくさん飛んでいる。

そんな美しい光景を、両手を伸ばしてぐるぐる回りながら、うっとり見つめていたものです。

ただ、その最中は人目につかないよう注意しなければいけませんでした。

もし祖母に見つかったりすれば、こっぴどく叱られるからです。

「何しちゅう！　こがなこと、どこで覚えてきたが！」

すごい剣幕で籠をとりあげられてしまいます。けっこうな強さで頭を叩かれ、泣きわめいたこともありました。

そんなにも祖母がぐるぐる遊びを忌み嫌っていたのには理由があります。

何度目かに怒られた時、祖母は真剣な顔で次のような話をしてくれました。


それは祖母の姉、私の大伯母にまつわる話でした。大伯母とその母親である曾祖母。その二人もまた「籠を被ってぐるぐる回っていた」らしいのです。

ただそれは遊びではなく、人に頼まれお金をもらっていた仕事だった、と。

曾祖母はお客さんの依頼を聞く窓口で、まだ少女だった大伯母が籠を被る役目でした。

客の依頼を聞いた後、大伯母は座敷の真ん中に立ち、ぐるぐるぐるぐる回り始めるのだそうです。

そうして回っているうち、籠の編み目から視るべき未来が視えてくるのだと。

やがて回り終えた後、大伯母は依頼者に向かって自分の視た未来を告げたといいます。

それはここ一年にわたっての依頼者の家の運勢だったり、何月何日にこういうことが起こるから気を付けろと注意したり、何月の吉日にはこっちの方角に行ってこれをするといいというアドバイスだったり。

占いというか、予言に近いものだったのでしょう。

この籠占いは当たると評判で、遠方からも頼ってくる人がいたそうです。というより、同じ集落の人からは気味悪がられていたので、客はたいてい地域をまたいで来る人しかいなかったのだとか。

しかしある時、大伯母は占いの途中で亡くなってしまったのです。

死因は分かりません。とにかく籠の占いをしている最中、いきなり泡を吹いて倒れ、そのまま心臓が止まったということです。

それを境に、ただでさえ良く思われていなかった私の一族は集落内で孤立し、悪い噂によって袋叩きに遭ったのだそうです
だから曾祖母や祖母は、逃げるようにしてその土地を出ていかざるをえなくなった。今ある実家はその時、親戚筋を頼って引っ越したところなのだ……と。

そんな話を祖母から聞かされ、さすがに私もぐるぐる遊びを控えるようになりました。


でも、今となっては不可解なところもあります。

「こがなこと、どこで覚えてきたが！」と祖母に言われた通り、私は誰にその遊びを教えてもらったのでしょう？

本当に、自分一人で考えついた行為だったのでしょうか？

遠い記憶をたどっていくと、あの頃、実家の裏で、よく遊んでくれた女の子がいたような気がするのです。顔も服装もおぼろげですが、私より少し年上のお姉さん。

でもうちの近所に、そんな子はいません。小さい町なので同世代の子の顔も名前も全員はっ

きり知っています。誰一人としてあのお姉さんに当てはまる子はいません。

その見知らぬ子が、私にぐるぐる遊びを教えてくれたのは確かです。

なぜなら私の頭には、ある映像が鮮明に残っているからです。

頭から籠を被り、両腕をピンとはって、回転する女の子。

実家の裏手で、そんな彼女をすぐ近くで見ているという映像。

私が一人で遊んでいただけだったら、こうした光景が記憶に残っているはずがありません。

大きくなるにつれ、その映像の記憶が不気味に思えてきました。籠を被っている私ではない少女が怖くなってきました。

私は大学進学を機に地元を離れて以来、ずっと東京で暮らしています。

上京してからというもの、ほとんど実家に帰省していません。

もしも、と考えてしまうのです。

もしも実家に帰った時、裏手の倉庫の前で、ぐるぐる遊びをする少女を見かけたら。

そう思うと、怖ろしくてならないからです。

私の話は以上です。読みにくい乱文にて、失礼いたしました。

＊

おおよそ以上のような体験談を、その女性は教えてくれた。

四国出身の三十代だという。

私が百物語会で寝ぼけ眼で見た男性も、おそらく彼女と同年代だし、少なくとも関東出身ではなかったような口ぶりだった。

だからといって、その二人がどこかで繋がっているかどうかについては、いっさい不明であるのだが。

誰のための喪服

姉からの着信に気づき、アキコさんは携帯電話を手にとった。

「お母さんが事故にあって病院に運ばれたよ」

まだ詳しいことは分からないが、とにかく路上で車に轢かれたらしい。すぐ病院に運ばれたが、たいへん危険な状態である。

「私は今から病院に向かう。あんたもすぐに来なさい」

一連の情報を、姉は取り乱しもせず過不足なく伝えた。電話を切ったアキコさんも、てきぱきと必要なものを準備し、スムーズに病院へと向かった。姉妹はともに五十代で、人生に起こるほとんどのトラブルはもう経験済みだったのだ。

父親はとうに亡くなっており、母についてもそろそろ覚悟していた。不慮の事態とはいえ取り乱すことはなかった。

そして母はもう八十代を過ぎている。このようなことになったら、助かる可能性は高くないだろう。

せめて一言でも交わせさえすれば、それで良しとしなければ。

そのためだけに、とにかく病院への道を急いだ。

しかしアキコさんや姉が到着した時、すでに母は事切れていた。

死に目に逢えなかったのは哀しいが、やはり二人とも取り乱したりはしなかった。

数日後、姉妹は遺品整理のために一人住まいだった母の自宅を訪れた。

部屋に入ったとたん、アキコさんはあるものに目を引かれた。

部屋の目立つところの木枠に引っ掛けられているハンガー。

そこには上下黒のスーツがかかっていた。しかもビニール袋で覆われ、柄にはクリーニング屋のタグが付いている。

母が喪服をあらかじめ準備していたのは明らかだった。

それを見たアキコさんは、あることを思い出した。

そういえば母は、人の死を事前に知ることができたではないか。誰かの人相やオーラを見て死期の近さを悟る、といったことではない。

夢なのよ、と母は言っていた。たまに自分が葬式に参列している夢を見てしまうのだ、と。

するとその後すぐ、知人友人など近しい人が死んだという報せが入るそうなのだ。

「一度や二度じゃないよ。何度も何度も何度もそれが続いたんだから。お母さん、もう夢を見たら喪服を準備するようにしているんだ」

間違いない。この喪服も、葬式の夢を見た母がタンスから出し、クリーニング屋に出していたのだろう。それは間違いないのだが。

母はおそらく、すっかり高齢となった友人たちの誰かが亡くなると予想していたのではないか。

例の夢は、ただ葬式に参列しているという曖昧で抽象的なシーンに過ぎない。それが誰の葬式なのかまで夢の中では分からず、当人の訃報を待つしかない。生前の母は、アキコさんにそう漏らしていた。

――だから、つまり、母は。

アキコさんは唇を噛みしめた。

そうとは知らず、自分自身の葬式のために喪服を用意していたのだ。自分はけっして袖を通すことのない、自分の喪服を。

この譬え（たと）ようもない感情は、五十数年生きてきた彼女にも初めてのものだった。

二歩三歩と近づくと、アキコさんはハンガーを木枠から外した。

そしてそのままビニール袋を取ることもなく、二つに畳んだ喪服を、そっと床に置いたのである。

雨宮淳司

骰子（シャイツ）

1　ジョーカー

武田さんは当時中学の三年生になったばかりだったが、彼の家庭教師として母の一番下の弟の光樹叔父さんが来ることになったと突然告げられた。

「え？　何でまた？」

あの変な人を、と言いかけて慌てて言葉を飲み込んだ。

話を切り出した母親も浮かない表情で、

「急に連絡してきて、必ずあなたを志望校に合格させるからって……」

「でも、僕の現在の成績とか将来の希望とか全然分かっていないでしょう？」

「お父さんに相談したんだけど、『奴には実績があるからなあ』って、乗り気なのよね」

「実績？」

「時々、外で二人で飲むことがあるらしくて、その時に聞いたらしいんだけど、今まで家庭教師に付いた生徒は全員漏れなく第一志望に合格させているらしいのよ」

「全員？」

　母数がどのくらいなのかは分からないが、ひょっとしたら凄いことなのかもしれない。

「……でも、本当かなあ？」

　ボサボサの髪に、いつもサングラスで無精髭、冴えない格好でヒョロヒョロした体。客観的に見れば完全に不審者然とした人物である。

　確か、一回も定職に就いたことがないという話だ。家庭教師というのも、どこかの教育関連の企業からの派遣ではなく、単なる個人のバイトのはずだった。

　教材とかはどうするんだろう？　それに、傾向とか対策とか最近の新しい情報を持っているんだろうか？

　そうでなければ、相当杜撰（ずさん）な話ではないのか？

「本人も、ちゃんとしてさえいれば、今頃は大手の法律事務所とかに普通に入っていたのかもしれないんだけどね」

「……え？　大学へ行ったの、あの人？」

「T大の法科に、一発合格だったわね」

「ええっ？」

「でも、一年で中退しちゃったのよ、バカでしょう」

それはとんでもなくバカすぎると思ったが、武田君は今まで単に変な親戚だと思っていた光樹叔父さんという人物に改めて興味を覚えた。

「けれど、何でまたエリートコースを棒に振っちゃったわけ？」

「……うーん、一時鬱病みたいになっちゃって」

「……病気？」

「原因もよく分からないんだけど、あの頃は様子が本当におかしかったわね。……まあ、その話は今はあまり関係ないし……、ともかく一度レッスンを受けてみる？」

土曜日の夕方に騒々しいバイクの排気音がどこかから聞こえてきたと思ったら、武田君の家の車庫の辺りで停まった。そして、黒尽くめのライダースーツ姿で光樹叔父さんが玄関先に現れた。

「よう、久しぶり」

しかし、筋肉量が足りないと言うのか、痩せすぎなのでスーツがブカブカであまり格好良くは感じなかった。

無難に挨拶して、母親を交えて居間で現在の成績とか志望校を説明し、意見の摺り合わせを行った。

「苦手科目を集中的にやって、様子を見るかな。もう少し上を目指せるかどうかはそれからだな」

と、えらく普通なことを言う。

最近は塾や予備校にいろいろなスタイルの名物講師がいると聞いていたが、そう言ったカリスマ性はゼロだと思った。

それからお試しのつもりで講義を受けたが、どういった訳か苦手な数学がよく理解できた。まるで、自分が理解できていない部分が全て分かっているみたいだと思った。

全然普通の口調で、ボソボソと説明するだけなのだが、武田君が数式を見つめていると、「そんな風に考えるから間違えるんだ」と、急に言い出す。その間違った考え方の説明が一々的を得ていたので武田君は舌を巻いた。

光樹叔父さんは、以後もお願いしたいと正式に連絡を入れる前に、済し崩し的に武田君の家に現れだした。そして、週三日の二時間枠というペースがいつの間にか作られてしまっていた。

武田君の部屋は手狭なので、十畳の座敷の座卓に参考書を開いて二人で向かい合う。

ある夜、講義の終わり際に苦手な確率の問題がすんなり解けて喜んでいると、帰り支度をしていた光樹叔父さんがふいにニヤリと笑い、

「サイコロを三つ投げて、ゾロ目の出る確率は?」と、訊いてきた。

……サイコロの目の数は六×六×六で二百十六通り。ゾロ目は六通りしかないので、六で割って、

「三十六分の一です」

「正解。……見てろよ」

そして上着のポケットから赤いサイコロを三つ取り出すと、コロリと座卓の天板に投げた。

……全部が「一」の目だった。

「ありゃ、二百十六分の一が出ちまったか」

「え？　どうやったんですか？　イカサマ用？」

「いやいや、そんなもの売ってねえよ。……まあ、つまりこれが確率というものだってことだ。ごくごく普通の事象だ」

「さっぱり分かりません」

「起きる時には起きるってことだよ。……うーん、そうだな。……ジョーカーを抜いた五十二枚のカードから七のカードを引く確率は？」

「ハート、ダイヤ、スペード、クローバーの四種類だから五十二分の四で……十三分の一です」

「では、ジョーカーを引く確率は？」

「え？　そもそも、入っていないからゼロですよね？」

「そう、正解。ここまでが確率の世界」

光樹叔父さんは立ち上がって、

「けどな、一回だけ見たことがある。絶対に無いはずのジョーカーを引いた女がいたんだ」

そのジョーカーの話は、いつもの勉強の会話とは明らかに毛色が違っていたので武田さんの興味を惹いた。

それで、折りに付け何気ない風を装ってそのことを少しずつ聞き出していった。

十年ほど前、光樹叔父さんは大学に入学し、台東区にアパートを借りてせっせとキャンパスに通っていたが、やがて定期試験も終わって大学は夏期の休業に入った。

つまり長い夏休みに入ったわけだが、受験生の時からの癖で、勉学一辺倒でバイトの予定も何も無い。費用の目処が付いたら留学のプログラムも利用してみたかったのだが、いろいろ物入りだったこの年は無理だった。

どうしたものかと思いながら暇潰しに近所の喫茶店で久々にマンガ本を読んでいると、窓ガラス越しに外を歩いてくる女性が見えた。

ロイヤルブルーのロングスカートを翻し、グレーのTシャツを着て、すっかり垢抜けているが、

「……やっぱり、佐々木だよなあ」と思った。

高校二年の頃の同級生で、実は五月祭の時にキャンパスの中で見かけたのだが、他人の空似かと思っているうちに見失ってしまっていた。

女性は横断歩道を渡って、反対側にある雑居ビルの地下へ下りる階段へと消えていく。

光樹叔父さんは少し迷ったが、喫茶店を出てそちらへと向かった。

階段を下りた先はドア一枚で、「占い」の看板が横手にあった。

占い？　そう言えば、佐々木は占いのサークルを主催していたっけ。

そうそう。一度タロットカードで受験運を占ってもらったことがあった。詳しいことは忘れたが、最終結果を意味する場所に「吊られた男」のカードが出て不吉に思ったのだった。

しかし、これは自己犠牲のカードで、努力と忍耐の成果が出ることを意味すると解説されて安心したのだった。

恐る恐るドアを開け「御免下さい」と声を掛ける。

「はい」と、すぐに返事がして女性が出て来た。

「あれっ？　小森君だよね？」

「ああ、やっぱり佐々木さんだね。……久しぶり。そこで、見かけたものだから。……五月祭の時いたよね？」

「ああ、あれはちょっと見物に行っただけなのよ」と、照れ臭そうに笑った。

「あそこの学生ではないわよ。私も小森君がいないかなって思って、探してみたんだけどね」

「……そう」

店の席に誘われて積もる話になったが、

「佐々木さんは、ここでバイトをしているの？」

「それもあるけど、ここの店主が私の師匠なのよ」

「師匠？　すると、占いを本業にするんだ」

「できればね」

営業前の時間だったらしく、少し話し込んだがもうすぐ師匠が来るというので、何となくそれはまずいような気がしてきた。

連絡先を交換して、その日はそれで店を出た。


「……それでお付き合いが始まったんだ」

「始まったなんて言ってねえだろ。ほら、その問題またそこで勘違いしてるだろ。集中しろ」

「……ジョーカーの一件が気になって集中できません」

「……ったく、余計なことを言った俺も悪いのかよ」


近くに知り合いもいないので、それからよく会うようになった。概(おおむ)ね近況報告だが、相手の話に合わせていると、根っから好きなのか、占いに関することを佐々木さんはよく話していた。

門外漢が聞くと、どうしても腑に落ちない部分があるので、

「でも、正直なところ、本当に当たるの？」と、話の流れで訊いてしまうことになる。

「うーん、当たる時には当たるのよ」

「それじゃあ、確率論じゃん」

そう、堂々巡り気味に喫茶店で話し込んでいると、佐々木さんは確率論で済まされそうになったことがカンに障ったらしく、急に、

「この先に玩具屋があるから、そこでトランプを買って来て」と、千円札をテーブルに差し出して、そう言った。

「……分かった」

言われた通りに喫茶店を出て買ってくる。

「確かめて」

スタンダードな普通のカード。五十二枚＋ジョーカー一枚の五十三枚組みと印刷してある。

「封を切って、ジョーカーを取り出して、ポケットにでもしまって」

札を確かめて、そのようにした。道化師が玉乗りをしている、変な図柄だった。

「取り出したカードをよく切って下さい」

これでもかとシャッフルした。リアルシャッフルができたので、景気よく音を立ててそれをやると佐々木さんは嬉しそうに笑った。

「やるわね」

「まあ、誰でもこれくらいは」

「では、これから適当に一枚抜きますが、それはおそらく……ジョーカーです」

いや、ジョーカーは入っていないだろ、と言いかけた時にはもう、佐々木さんは抓んだ一枚をテーブルの上で引っ繰り返していた。

ジョーカーだった。あの玉乗りをしている絵柄である。

「えっ？」

慌ててポケットの中を探ると、そこには同じ絵柄のジョーカーがあった。

「……どんな手品だよ」

「手品ではないわ。確率の向こう側にある世界？　でも、これが何なのかは……」

そこまで話した時、喫茶店の窓から見える道路で車の追突事故が起こった。停車していたワゴン車の後部に乗用車がかなりのスピードで突っ込み、大破した車内から人が吹っ飛んで、すぐ近くにあった喫茶店内は騒然となった。

「……ああ」佐々木さんは蒼白になっていた。

「私が……」

「えっ？　事故の原因は何なんですか？　二枚目のジョーカーが現れたことと関係が？」

武田さんは気色ばんで訊いたが、光樹叔父さんはきょとんとして、

「偶然に決まっているじゃないか」と、平然と答えた。

「まだ、よく分かっていないようだな」

「何が分かっていないのか自分でも分かりません」

「……いいか、どんなに関連づけられそうなタイミングで何かが起きたとしても、作為を持つ誰かが関与していなければそれは偶然なんだ。この話で一番異様なのは、あり得ないジョーカーを引いた事実だ。……いろいろ調べて、事象自体は手品でも再現できそうなことは分かっているが、あの時の彼女は、完全に無作為にカードを引いたとしか思えないんだ」

「玩具屋がグルで、仕込んだ奴を用意していたとか、ないですかね？」

「俺は、行けと言われた玩具屋じゃなくて、反対側にある小さな本屋の文具売り場で買ったんだよ。しかも、相当昔の売れ残りで、何種類もある中から俺が適当に選んだんだ」

「……」

「けれど、彼女は自分の行為が何か影響を及ぼしてしまって死亡事故が起きたんだと……誤った確信を抱いてしまったようなんだ」


ここから先は、小森光樹氏から直接聞いた話になる。

翌日から佐々木さんが電話に出なくなった。メールにも返信が無く、心配になって数日後に店を訪ねたが、奥から出てきた初老の女性が素っ気なく、

「玖美子……いや、佐々木さんは故郷（くに）に帰ったようだよ」と、教えてくれた。

「勤めていた家電の会社も辞めてしまったみたいだね。勿体ないこと」

「……そうなんですか」

いかにも占い師然とした装いの老女だが、多分この人が佐々木さんの話していた師匠なのだろうと思った。

礼を言って出口に向かおうとした時、

「……私は観相もやるんだけどね。あんたはなかなかの奇相だと思うんだよ。ちょっと話をしていかないかね」

明かな占いのセールストークだと思ったので、断ろうと思った。

「何か確率を超えるようなことをやらかしたんだろう？」

振り返ると、正体不明な感じでただ笑みを浮かべている。

溜め息をついて、老女の後に付き従って、垂れ幕で仕切られているテーブルの方へ向かった。

「まあ、楽にして。何があったのかな？」

佐々木さんが、あるはずのないジョーカーをカードの山から引き出したことを話すと、

「それはまあ、たまに起きていることだよ」

「起きている？」

老女が言うには、たまたま偶然遠方の街で知り合いとバッタリ出会う、誰かのことを思い出したら数年ぶりにその本人から電話が掛かってくる、虫の知らせで親の死を予感する……そういうのは本来あり得ないことが起きているのだという。

「麻雀なんて、確率の遊びだって言うけど、実感としてはあり得ないことがよく起きていると思わないかね？」

「あ……いや、麻雀はやらないので」

「それは失礼。昔の学生は猫も杓子もやっていたもので。で、まあ……そういう確率越えを恣意的にやろうとする訓練法がカルトがかったある界隈にあって、佐々木さんもそれをこっそりやっていたのかもしれない。さっき聞いた話からすると、かなりの練達だと思うよ。……けれど、常人がそれをやると確率にしっぺ返しされるからねえ」

――しっぺ返し？　あの時間にあの場所で事故が起きたのは、そういうことなのか？

「常人とは？」

「私達のような普通の人間だよ。私も占い師をやって久しいけど、所詮は只の人間。当たるも八卦（ばっけ）、当たらぬも八卦で完全なものじゃない。……まあ、比較的当たるので、評判は悪くないけど……その程度のものさ」

「じゃあ、常人じゃない人間っているんですか？」

「日本には一人だけだね。しかも、故人だけどね」

「一人？　誰です？」

「高島嘉右衛門（たかしまかえもん）」

「……知りません」

「……それじゃあ、どんな人物なのかよく調べてからもう一度ここへおいで」

2　易聖

高島嘉右衛門は、一八三二年（天保六年）に江戸で生まれた。

幕末から明治期にかけて活躍した大実業家で、横浜港の埋め立て事業を手掛け、その功績で「横浜の父」とも呼ばれた。

築港、外国人居留地の建設、ガス会社の設立、後には北海道の開発事業も行った。

だが、横浜に移る前に外国人との金銀交換取引で経済事件を起こし、一八六〇年から五年間入牢している。

この期間に牢内の古畳の間から出て来た「易経」を読みふけり、自家薬籠中のものとした。

後の一八八八年（明治十九年）に、その解説書かつ日本人向けマニュアルとして世に出したのが、高島易の聖典とされる「高島易断」全十巻であった。

高島嘉右衛門は明治期の日本政治の重鎮と親交があり、易の助言を請われることが多かった。

その助言が、ことごとく著効をもたらして、嘉右衛門は人々から「易聖」と呼ばれることになる。

小森さんは関連書籍を読み込んでいって、嘉右衛門の大予言者ぶりに戦慄を覚えた。

嘉右衛門が表した卦そのものについては、理論が今一つ分からなかったが、その解説も聞きたくなって、あの占いの店を訪ねた。

「いらっしゃい。……易を知るべき人間が易を知った顔になったわね」

「いや、そんなの全然です。難しすぎて」

「私も一から解説するのは、あまりにもダルいからこれを使うわ」

そう言って、テーブルの上に見慣れない形の白いサイコロを置いた。正八面体で、各々の面に何か漢字が彫ってある。

「骰子(シャイツ)を使うのはあくまで簡易な方法であって、本来は気息を込めて筮竹(ぜいちく)で易を立てるのだけどね。それは覚悟を決めて修行をした者がやらないと間違うし、今はこれで充分」

「……」

「この文字は所謂(いわゆる)『八卦』で、乾(けん)・兌(だ)・離(り)・震(しん)・巽(そん)・坎(かん)・艮(ごん)・坤(こん)ね。意味はそれぞれ天・沢・火・雷・風・水・山・地を表している。これを二個使って……」

占い師はもう一個、これは赤い地のものを取り出した。

「この赤いのを上卦、白いのを下卦とします。そして転がして出た目は六十四パターンあり、これが『六十四卦』。各々のパターンには名前が付いていて、出た目はこの一覧表で判別。易経には更に詳しい『爻(こう)』というものがあって、さっきの六十四パターン、つまり卦に、これ……」

今度は六面体のサイコロを出した。

普通のサイコロだと思ったが、一のところが「初」、六とあるべきところが「上」になっていた。

「初爻・二爻・三爻・四爻・五爻・上爻を合わせて占う。つまり実質三百八十四パターンというわけだけど、それぞれに割り振られた易経の辞は抽象的なので、受けとり方はそれこそ個人の解釈になってしまうのよ」

小森さんは、しかし、頭の中が整理された気がした。

「スッキリしましたよ。要するに、そう言うことなんだ……」

その三個のサイコロを手に持って、試しに転がしてみる。

「上卦が兌（だ）、下卦が巽（そん）。即ち六十四のうちの『沢風大過（たくふうたいか）』の卦ね。その二爻」

「いや、何かを占おうなんて思っていませんよ」

「占的を決めていない時は無意識が現れるから、その方が面白い時があるわよ。沢風大過は、今が大変な時だけど逃げ出してはいけないという運勢よ。二爻の爻辞は……枯楊稊（こようてい）を生（しょう）ず老夫（ろうふ）其（そ）の女妻（じょさい）を得（う）。利（よ）ろしからざるなし」

「……？　何のことやら？」

「枯れかけた柳から芽が出るように、老いた男が若い嫁を得た、大変よろしいという意味。……得がたいものを追い求めなさい、ということよね」

そして、ニヤニヤしながら、

「要するに、玖美子ちゃんを『追いかけていけ』って言っているのよ」

小森さんは思いがけないことを言われて動揺した。そして、動揺したことに続けざまに動揺してしまった。

「……そ、そういうことなんでしょうか？」

「そういう卦だとしか言い様はないわね」

「そ、それはそれとして……」

今日は、高島嘉右衛門が江藤新平を占った時のことが聞きたかった。それが、そもそもの目的だったのだ。

明治七年一月十日、江藤新平は横浜の高島邸を訪ねた。

征韓論を原因とした対立で政界から下野し、九州へ渡る途上であった。

この時、嘉右衛門は江藤新平に対して、餞別に易を立てているが、「離為火（りいか）」の四爻を得て、旅程を中止すべきだと進言したという。

「離為火は、才能のある人にとっては今が大切な時であるが、謙虚に立場をわきまえて従うべきであるという、自省を促す運勢だわね。離と離、つまり火と火が重なった激動の時。しかも、四爻の爻辞が『突如其來如焚如死如棄如（とつじょそれらいじょふんじょしじょきじょ）』。いつ、何が起こって死ぬのか分からない危機的状況だわ」

「江藤新平は佐賀の征韓党や愛国党の反乱分子を説得して抑えるために帰郷していたのに……結局力及ばず、逆に巻き込まれて佐賀の乱が起きてしまうんですよね。そして、大久保利通に追撃され、鹿児島に逃げるが西郷隆盛の同調も得られず、土佐で捕まる」

「高島嘉右衛門は、自分が行けば騒動が収まると自信満々だった江藤新平の人物も計ったのでしょう。そこに危うさを見た」

嘉右衛門は、江藤新平を説得するために新平の行く末も占った。

それは「沢天夬（たくてんかい）」の上爻で、

「卦辞は、『夬（かい）は、王庭に揚（あ）ぐ。孚（まこと）にて號（よば）う厲（あや）うき有り』……決断を直接朝廷で不満を訴え、呼びかけても危うい……そのまんまだわね。爻辞は『无号（よばうなし）　終有凶（ついにきょうあり）』……終わりの時だわ」

高島嘉右衛門が入牢していた際、囚人を占ってこの卦を得た者はことごとく打ち首になったと話すと、前司法卿で新法に改正し、打ち首を廃止した当人である江藤新平は大変憤慨した。

自分も打ち首になるというのか、そんなことは天地がひっくり返ってもあり得ないと。

しかし、土佐から佐賀に送られた江藤新平は自分は必ず新法により国事犯として裁判にかけられると思っていたが、大久保利通はそれを許さなかった。

氏族から除族し旧法を適用して打ち首に処した。

そして、その首は獄門台の上に晒されたのである。

それから半月ほどが経った。

小森さんは盆の時期に帰省したが、その時に佐々木さんの実家を訪ねることにした。

実家の住所までは知らないのだが、彼女の家の家業は精肉店だったことは記憶にあった。

佐々木精肉店はすぐに調べが付き、隣町にあることが分かった。

路線バスに乗って赴くと、昔ながらの商店街の中にそれはあった。

見ると店の中で佐々木さんが、一心不乱に大量のコロッケを揚げている。

「やあ」と、声をかけると佐々木さんが目を見張って、

「小森君……ああ、帰省?」

「そうだよ」

店の中の、多分両親に断りを入れて、エプロンを脱いで外へ出て来た。

「そっちに喫茶店があるから」

店内で向かい合わせに座って、

「携帯……解約しちゃった?」と、切り出した。

「会社関係の後始末で、いろいろかかってくるのでイヤになっちゃって。ご免なさいね、不義理しちゃって」

「落ち着いたのなら、それでいいんだけど」

「あの時の件なら、やっぱり偶然だと思うことにしたわ。私にそんな影響力なんてないわよね」

「まあ、そうだよ」

……ならまあ、安心か、と注文していたコーヒーが届いたのでそれを口に運ぶ。

何だか急に話題に詰まったので、

「最近、何かいいことあった？」と、訊いた。

「え？　ああ、私婚約したの」

コーヒーを噴き出しそうになった。

「何だって？」

「近くで貿易関係をやっている中国の人なんだけど、肉を買いに来た時、立ち話で『お嬢さん、今日、私は易で沢風大過の二爻を得て、思いがけずあなたに会えました』って言うのよ」

……沢風大過の二爻？

「なんだかジンときちゃって、お付き合いすることに。そしたら両親も、彼がお金持ちだったからだろうけど大賛成で、トントン拍子に」

「枯楊稊（こようてい）を生（しょう）ず老夫（ろうふ）其（そ）の女妻（じょさい）を得（う）。利（よ）ろしからざるなし……」

「あら凄い！　よく知っているわね！」

「……それ、いつ頃の話だ？」

「つい二週間ぐらい前なんだけどね。おととい正式に婚約したわ」

「ベタボレかよ」

……ならあの時、間を置かずに来ていれば状況は変わっているのか？

「その男……いや婚約相手は何歳なんだ？」

「まあ、五十近いんだけどね。凄くダンディだよ」

小森さんはポケットの中の骰子(シャイツ)を握りしめた。それはあの師匠が佐々木さんに既に譲っていた物なので、ついでに渡してほしいと言われていたのだった。

だが、それを渡すと佐々木さんが、更に易の何かに翻弄されそうな気がして、とうとう取り出せなかった。

「是非、式には来てね。案内状を出すから」

と、追い打ち気味に言われて、小森さんは帰路についた。


東京のアパートに戻ったが、何もやる気が起きなかった。

日がな一日、畳の上にあの骰子(シャイツ)を転がしていると、何もかもが何者かの手の内で踊らされているような気分になる。

気が付いたら、あっという間に数ヶ月が過ぎ、佐々木さんの案内状の返信も出しそびれ、大学の講義にも行く気が起きなかった。

3　虚空無限

武田さんは、最も難関と言われた高校に見事合格した。

お礼品を携えて小森さんの借家を訪問すると、庭先に何台もオートバイが停めてあって、中で高校生くらいの連中三人と小森さんが麻雀をしていた。

「おや、いらっしゃい。今、見ての通り取り込んでいるから、ちょっと待ってくれ。ああ、その彼の牌勢でも見ていろ。いろいろ勉強になるぞ」

手前側に座っているのは、一際巨大なリーゼントを決めた強面の少年である。

ちらりと武田さんを見たが、何も言わない。

「失礼します」

後ろに座って見ていたが、配牌といいツモ牌といい、尋常ではない。概ねでき上がっているような配牌が最初から次々と入る。ツモも、どんなキー牌でもたちまち持ってくる。

「普通じゃないだろ?」

しかし、それでも何とかかいくぐってアガリを取るのは、小森さんだった。

「はいはい、今日はここまで」

「えー」

「何だよ、勝ち逃げかよ」

ブツクサ言いながらも皆立ち上がって、銘々が帰って行った。

「あの人達も生徒さんなの？」

武田君が訊くと、

「親に頼まれて面倒を見ているだけだな。折を見て講師っぽいこともしているけど、いつの間にか麻雀になっちまう」

麻雀は、武田さんに対する講義の際にも「息抜き」と称していつも十分ほどの時間で教えてもらっていた。その後、テレビゲームではやり込んでいたが、実際に行っているのを見たのは今日が初めてだ。

「あの人の配牌、凄かったなあ」

「堂本だろ。……だから、持って生まれた何かなんだよな。……ああいうのが、いつか確率を超えたことをやらかすんだ」

「あのジョーカーみたいに？」

「……だな」

その後、数回会ううちに武田さんはその少年達と仲良くなった。主に麻雀仲間で、小森さんの家で日曜日に卓を囲む。

堂本というあの少年には連戦連敗が続いていたが、やがてそこそこ勝てるようにもなってきた。

ある日、誰かが噂になっている心霊スポットに行ってみないかと言いだし、たちまち皆が同調して、武田さんも誘われた。

「今夜、駅前のコンビニに集合な。やっぱり夜中じゃないと。武田は後ろに乗せてやるよ」

ちょっと非日常を体験してみたい気もして、つい同意してしまったのだが、

「お前ら、どこか危険なところへ行こうとしていないか?」

と、その夜に小森さんから電話が掛かってきた。家を出る直前だった。

心霊スポットに行こうと誘われたと話すと、

「絶対に……絶対に行くなよ! 分かったな? 他の奴は今から連絡して説得する」

その声があまりにも必死だったので、武田さんは家から出なかった。

しかし、連絡の付かなかった三人はそのまま峠道を通って、心霊スポットと噂のあるトンネルへと向かったのだった。

……後になって聞いた話によると、トンネルの中で堂本君だけが何かに遭遇し、慌ててバイクで逃走した際に擁壁に激突した。そして、病院に運ばれたが……既に死亡していたのだそうだ。

堂本君の葬儀の際に、小森さんは酷く憔悴している感じだった。

武田さんが心配していると、

「これを預かっていてくれ」と、見たこともない風変わりなサイコロを渡された。

「ただし、使うな。これはもはや呪物だ」

著者が聞いた話では、この夜仕舞っていたはずの骰子（シャイツ）がなぜが床に転がっており、その目が「離為火（りいか）の四爻」だったのだという。

あの江藤新平の易に出た大凶の卦だった。

高島嘉右衛門の予言について補足しておくと、一番有名なものに伊藤博文の外遊を占った際のものがある。

ハルピンで満洲問題についてロシア側と協議するためのものであったが、明治四十二年十月十二日、嘉右衛門は伊藤に対して、その中止を進言した。

この際に得た卦は「艮為山（ごんいざん）の三爻」で、運勢としては「山のように動かないのが一番の時」となる。

艮為山は、艮と艮、つまり山と山が重なった卦象で、伊藤暗殺まで予見したのか、どうしても行かねばならないという伊藤に対して、

「山とか艮とかが名前に付く人物には注意するように」と、嘉右衛門は忠言した。

十月二十六日午前九時、伊藤博文はハルピン駅に到着。

歓迎するロシア要人の間から群衆を装って近づいた「安重根」に拳銃で六発を撃たれ、その内三発を被弾して伊藤は絶命した。

安重根の名前の「根」は旁（つくり）が「艮」であり、また艮為山は艮が重なる形で重艮、つまり犯人の名前まで予言していたとして、嘉右衛門は不本意な形で時の人となっている。

高島嘉右衛門があまりにも偉大すぎたために、易占を行う「常人」がこの後どっと増えた。新聞には「今年の作柄」とか「米相場予想」の易占が堂々と載り、国会では「地震予知」について討議された。これも、科学的なものではなく易占を利用したとんでもないものであった。日清、日露の戦争においても嘉右衛門は易で助言をしているのであるが、実はあのバルチック艦隊の進路と現れる時期さえ概ね当てている。

まさか、太平洋戦争まで易占が影響しているわけはないと思ったが、米軍が撒いた当時の宣伝ビラに、東条英機が易者に占ってもらっているマンガがあり、皮肉だとしたら真実が諜報されて暴露されていたのかもしれない。

支離滅裂な日本軍の作戦例を考えると、まさかとは思うが……怖ろしいことである。

二〇二二年二月に、ロシアのウクライナ侵攻が始まった。

先行きが気になったが、そこでふと思い出したのがあの呪物と言われた骰子（シャイツ）のことである。

武田さんに連絡を取ってみると「まだ持っていますよ」とのこと。

そこで、ロシア軍の今後について、とだけ念じて骰子を投げてくれないか、と頼んでみた。

十数年ぶりに机から出したそれが表した目は、上卦が「離」、下卦が「坎」、それと「初」とのこと。

つまり「火水未済」の初爻ということになる。

卦辞は省くが、運勢としては「実力以上に勢いよく進む者は長く続かない、結局は物事を成し遂げることはできない」と、いうことになる。

キーウ攻略戦でその通りになり、爻辞が意訳すると「小狐が自分の力をわきまえず川を渡ろうとして、尾を濡らしてしまう。恥ずかしいことだ」となるのだが、渡河作戦に失敗して大被害を出しているロシア軍の様を見て、複雑な気分になった。

二〇二三年六月二十三日、ワグネルグループ代表のエフゲニー・プリゴジンが反旗を翻し、一部部隊をモスクワに向けて進軍させ、すわロシア内戦かと思える時節があった。

この時にも、どうしても気になり、お願いして骰子を振ってもらった。

「雷水解」の上爻……。

卦辞は「解は、西南に利ろし。往く攸なければ、其れ来り復りて吉。往く攸あれば、夙くして吉」。

即時即断で早く動くべきという卦で、なるほどと思った。

これの爻辞が「公用(こうもちい)て隼(はやぶさ)を高墉(こうよう)の上に射(い)る。之(これ)を獲(え)て利(よろ)しからざるなし」

酷く邪悪な者が高いところにいる。これを取り除くのは大変よろしい、という意になる。

ワクワクして続報を待ったのだが、翌日にはプリゴジンは何故か進軍をやめてしまっていた。

……そういうことをすると、どういうことになるのか。

それは皆さんのご存じの通りである。

そして、今その骰子(シャイツ)が手元にある。

武田さんが、郵送で送りつけてきたのだが、

「僕ももう結婚するし、気味が悪くなったので手元に置いておきたくない」とのことだった。

やはり、気になって卦を調べてみたらしい。

「素人は、世界情勢くらいしか占ってはいけない」と、ある人に言われたので、試しに今話題の中国経済について、漠然と占ってみた。

「沢水困(たくすいこん)」の三爻。

解説書には三大難卦の一つ、とある。

やっぱりか、と思いながら読み進める。

沢水困の困は困窮、苦しみを表す。沢に穴が空き、どんどん水が流れ出ている状態。物心共に困窮し枯渇寸前の様となる。ありのままを受け入れ言い訳をしないこと。

……言い訳は、ほぼ毎日ニュース等で垂れ流されているようであるが……。
文辞も酷いもので、要は八方塞がりとのことである。
骰子(シャイツ)はパソコン机の上に置いてあるが、時々床に落ちている。
……目を確かめる勇気はない。

朱雀門出

予知夢だったのに逆らった話

もう二十年近く前のことになる。

当時、里見さんはまだ結婚前で実家に暮らしていた。大学生の弟も実家にいて、仲が良いとはいかないまでも、いがみ合うほどでもない、まずまずの関係だった。

普段は夢に弟など出てこないのだけれど、その日見た夢には弟がでてきた。しかもその夢の内容は不吉なものだった。

弟は電車に乗っていた。通学で使う鉄道会社のものだ。外は曇っているのか、とても薄暗い。その光量のせいか、沈んだ雰囲気だ。

「ちゃんとせな（ちゃんとしなければ）、ちゃんとせな」

と、弟は焦っている様子で、そんな言葉を何度も繰り返していた。ただ、何をどうちゃんとしなければならないのかはわからない。里見さんはちょっと手伝ってあげたいという気持ちにもなっていた。

里見さんも同じ電車に乗っているようで、電車の加速や減速を身体で感じている。

弟の、ちゃんとせな、という口調が早口になり、なぜか声も録音を早回しで再生した時のように幼児めいて高くなっている。

早口になっているのと比例するかのように、どんどん電車が速くなっていくのがわかった。流れる視界からもわかるが、身体も加速を感じている。むしろ、そちらの感覚の方が恐怖や不安を強く覚えさせる。

突然、弟の身体が天井に跳ね上がった。まるで天井から吊り下げられた見えない糸で引っ張り上げられたかのようだ。電車が何かにぶつかったことでそうなったように思えるが、里見さんにはそんな衝撃は感じられなかった。ただただ、弟が引っ張り上げられたように見えたのだ。

弟は天井に強く頭を打ち付けた。首が不気味な角度に折れ曲がって、額が胸に当たっている。そのまま床にたたきつけられた。

床に転がった弟は、うなだれたように首を枉(ま)げていた。微かに痙攣しているのがわかった。

なぜか、三、四歳くらいのときに、弟がパピコを二つに割って里見さんに一本渡してくれたことを思い出していた。その笑顔がこちらもついつい頬を緩めてしまうような良い表情だった。写真には残っていない、最高の表情だった。

そのビジョンが明るい光で薄れるようにして、里見さんは目覚めていた。

不吉な夢だと思った。弟が電車事故で死んでしまうのを予知した夢だと悟った。

まだ朝早い時間だった。弟は家を出ていない。

居ても立ってもいられず、登校前の弟に今の夢のことを話した。

「夢やろ?」

弟は笑っていた。少しバカにしたような表情だった。

「夢……だけど」

確かにそうなのだとは思う。あくまでも夢だ。里見さんはこれまでに予知夢など見たことはない。だから、単なる夢だと言われれば反論できない。でも、素直に納得もできない。そんな里見さんの気持ちは態度に表れているようで、弟はさらに否定の言葉を重ねた。

「ないて(そんなわけないよ)」

「でも……」

「そんな理由で(大学を)休めへんよ。てか、休めるならどんだけええか」

と弟は陽気に笑った。

結局、弟はいつも通りに出て行った。

その日、実際に列車事故が起きた。

百名以上が亡くなる大事故だった。負傷者は五百名以上にのぼった。

事故の情報はメディアで大きく取り上げられた。速報が飛び交った。

里見さんもその報道を見た。

事故の現場は、弟が大学に行くなら乗るはずの電車が通るコース上にあった。時間的にもその列車に乗っていてもおかしくない。

ましてや、あの夢を見ているのだ。

心配で心配でたまらずに、弟へ電話をかけた。

出なかった。

血の気が引いた。まさかと思う気持ちとやっぱりという気持ちが入り交じる。

何度も何度もかけるけれど、弟は電話に出なかった。コールはしているので、電話は破損していないと思える。出られない状況下にあるということだと不安になった。

メッセージアプリでも連絡するけれども、見たことを示す表示が付かない。

母親も事態を知って、二人で連絡を取り合うも、絶望的な意見ばかりがでた。

事故から二時間ほど経ってから、弟から連絡があった。

無事だったようだ。

今朝の悪夢で見たような怪我はしていないようだ。

弟は元気そうだった。彼は電話口で顛末を語った。

まず、事故自体に遭ってはいなかった。勿論、本来ならば、あの事故に遭った列車に乗っていたのだが、今日はそうではなかったのだ。

なぜか逆向きの電車に乗ってしまったのだという。しかも、なぜか、間違っていることに気づけなかったのだという。いつもと違う電車だから、乗るときにも、乗ってからもすぐにわかるはずなのに、長い間気付かなかったのだという。

小一時間程乗ってやっと間違いに気づいた。気付いて青ざめたという。

完全に遅刻や……欠席になってもうた……と凹んだのだ、と死を回避したという緊張感が微塵も感じられない説明をしたのだった。

水と空気のお告げ

村田さんの家では熱帯魚を飼っていた。魚種がなんであるかは怪談的には重要ではない。ただ、比較的飼いやすく、見た目も良い種であることを記しておく。

元々は夫婦共に熱帯魚に全く興味がなかったが、旦那さんの友人の勧めもあり、分けて貰ったのをきっかけに飼うようになった。手間もかからず、目の慰みにもなるので、旦那さんだけでなく奥さんである村田さんも目を楽しませていた。

ある深夜のことである。

ベッドに旦那さんがいないことに村田さんは気付いた。

十分ほど待ったが帰って来ない。

具合でも悪いのかと廊下に出ると真っ暗だった。一緒に寝ている寝室は気を遣って明かりを点けずにいたとしても、廊下にも明かりは点いていないのはちょっと変に思えた。

廊下に明かりを点け、階下に降りた。トイレだろうと直行するが明かりも点いておらず、ノックしても返答がない。

リビングに向かった。

リビングにも明かりは点いていない。けれど、ブツブツと何か唱えているような声が聞こえた。

明かりも点けずに旦那さんが水槽の前に立っていた。水槽に向かって何やら唱えているようなのだ。

明かりを点けても、旦那さんは同じ姿勢で同じようにブツブツ言っている。

「……シンシンショウシンシンショウシンシンショウシンシンショウシン……」と延々と囁いていた。

肩に手を触れるとビクンと身を竦めて、我に返ったようだった。

何をしていたのかと訊いたが、自分でもわからないとの答えだった。呟いていた言葉を真似て再現してみても何のことかわからないようだった。

思い詰めるような悩み事でもあるのかと心配しても、そんなことはないよと笑顔を見せるのだけれど、あんな奇行を目の当たりにすると素直に納得はできなかった。

翌晩とその次の夜はおかしくはなかったけれど、その次の晩、また同じことをしていた。

会社の人間関係で悩んでいるのではないかとか、仕事が行き詰まったのではないかと村田さんは心配だった。旦那さんにそう訊いても、大丈夫だけどねえ、と首を傾げるのだった。

その翌日、旦那さんから連絡があった。

昇進の知らせだった。仕事のできる人だったので全く思いがけないことではないけれど、良いサプライズである。旦那さんは夜中に呟いていたのは、これではないかと言った。ショウシンと繰り返していたのではないかという説明だった。

そんなにこの人事を気にしていたのかと訊くと、自分では思い詰めていたとは思っていなかったけれど、でも、案外、心の底ではそうなのかもしれないねと肯定した。

奇行ではあったけれど、それに説明が付いた。そう説明を付けて安堵した。

けれど、深夜の奇行は止まなかった。

毎晩ではないけれど、水槽の前で何やら呟いているのだ。まだ心配事があるのかと訝しんだが、旦那さん本人には心当たりがないようだった。そして、自分では何を唱えていたのか自覚はなかった。

ただ、その時は「ジュショウ」という言葉を繰り返していた。

受賞……ということだろう。しかし、心当たりがない。何か賞に応募してもいないし、賞を受けるような行動は取っていない。特に欲しいと思っている賞もない。というか、自分は賞に縁があるとも思えず、そんな発想すら湧きはしない。だから、少なくとも心配事ではないのだ。

が、意外なところから、やはりそれは「受賞」なのだと思わせる知らせが齎（もたら）された。

離れて暮らす息子さんがとある発表で賞を受けたとの知らせがあったのだ。

深夜に真っ暗な中、水槽に向かって願い事をすると叶う。いや、息子の受賞についてはそんな賞があること自体知らなかったのだから、願い事というよりは、呟いていたことが予言になっていると思えた。

それは水槽になのか、魚になのかわからない。ただ、小さな魚たちに神のような力があるとは思えなかった。それをいうと、ホームセンターで手軽に買える水槽にだって神通力があるようには思えない。ただ、予言だとするとそれを授かる場所が水槽の前のようだった。

それからは予言を授かることがなかった。なんだか残念な気分だった。

半年程あとにそれは起こった。

また、深夜にベッドを抜け出し、真っ暗な中、水槽の前に立って言葉を繰り返すようになったのだ。

ただ、そのときの言葉が「ヨウシュ」に聞こえた。

洋酒だろうか。良い酒でも手に入るのかと期待していたが、「……ヨウシュヨウシュヨウシュヨウ……」という繰り返しのどこで切るかを間違えていたような出来事が起きた。

旦那さんの父に癌が見付かったのだ。ヨウシュではなく、シュヨウ……腫瘍なのではないかと思えたのだ。そもそも予言かどうかも怪しいし、これなのかもわからないが、一旦、そうかもしれないと思ってしまうと、あの夜に繰り返していたのはシュヨウという言葉で、それが腫瘍が見付かるという予言なのだと思えてしまう。

予言は良いことだけではなく、悪いことも告げる。そう思えた。

気味が悪くなった。

それで、魚を飼うのを止めた。

ただ、水槽は水を張ったまま置いておいた。魚のいない、水だけの水槽だったが、それはそれで目障りにはならず、むしろ置物の風情があった。

けれど、思いがけないことが起きた。

ある深夜、旦那さんがベッドを抜け出して、水槽の前に立っていたのだ。

なぜか、エアレーションが点いていた。旦那さんが意識のないままに点けたのだろうか。ゴボゴボゴボゴボ、ブクブクブクブクとリズミカルに気泡が発生している。

このときはなぜか、旦那さんは会話しているかのように、ときたま頷いていた。口からは言葉が漏れていた。何か小声で唱えているのだ。

あっ、と村田さんはあることに気付いた。

旦那さんが唱えているリズムが、エアレーションのブクブク出す音のリズムと同じなのだ。なんと言っているのか聞き取れなかった。「ダ……ス……ズ……」のように断片的には聞こえるけれど、意味のある単語は抽出できない。本人に訊いても、これまで通り、何と言っていたのか記憶がない。

気味が悪くなって水槽を捨てた。ただ、何と言っていたのか気になった。録音しておけば良かったと後になって思うけれど、もう一度水槽を買い直して試す気にはなれなかった。

それからは何か悪い事があるたびに、予言はこれなのかと思うようになった。良いことがあって、それだと思おうとしても心からは納得できない。かといって、悪いことにこじつけても、まだ予言は成就していないのではないかと不安なままでいるという。

ノウナル

鶴田さんのお祖母さんが意識を失った。

そのまま植物状態に陥った。浅いものの自発呼吸はしており、眠っているかのようだが、何日経っても目覚めない。

そんなお祖母さんが突然、口を開いた。

短い言葉が漏れた。

「Aさんノウナル（亡くなる）」

そうお祖母さんは声を絞り出していたのだった。

目覚めたのかと喜ぶけれど、寝言のようなものらしく、依然として目は閉じており、呼びかけても覚醒しなかった。

Aさんが亡くなる。

不吉な言葉である。そのAさんというのは、勿論、仮名であり、実際にはお祖母さんの友人の名を口にしていた。Aさんは当時、存命であった。けれど、数日のうちに訃報が届いた。

Aさんノウナル、というのは予言になっていた。

傍でリアルタイムにその言葉を聞いた鶴田さんは、そのときは、お祖母ちゃんの意識が戻った！　と喜んだけれど、口にした言葉を思い返すと不気味に感じてくるのだった。目を瞑って冷たく口にする「ノウナル」という言葉が恐ろしく、また聞いてしまったらと想像しただけでゾワリと鳥肌が立ったものだった。

　また、予言するのではないか。そんな恐れを抱いてしまった。けれど、看病を放棄するわけにはいかない。

　幸い、ノウナルという呟きを聞くことはなかった。

　けれど、あるとき、

「終まい」

とお祖母さんは呟いた。身体を拭いているときに、目を瞑ったままだったが、はっきりと口にした。

　うわっ、と全身に一気に鳥肌が立った。それはお祖母さん自身の死の予言だったようで、しばらくして亡くなった。

　ノウナル、という言葉が印象的だ。単になくなるという言葉を関西の方言にしたものだが、いくどか口にしてみると、日本語ではないような気がしてくる。

　実は、もう一話、ノウナル、と呟くという怪談があるのだ。

　こちらは性別は変わって、お祖父さんの話である。

　朝方に尋常ではない絶叫が聞こえた。声からするとお祖父さんである。もう、殺されるのかというような声に家人が飛んでいくと、お祖父さんは寝具に横になっていて、安らかな寝息を立てている。

しかし、あれはお祖父さんの声だったのは確かである。

「もう、何なんや」

と悪態を吐いて、集まった息子夫婦がその場を去ろうとすると、

「Bさんノウナル（亡くなる）」

と、不吉なことを呟いたのだ。依然として目は瞑っており、寝言のように思える。

お祖父さん本人には絶叫を含めて、そんなことを言った自覚がないが、本当にBさんはしばらくして亡くなった。

たった二例しかないけれど、老人が無意識に「ノウナル」と、知人の死を予言するという話を無関係な二者から聞いたのでご紹介した。

青い獅子舞

その日は酷い大雨だったという。

山口さんが普段通りに午前五時に目を覚ましたとき、激しい雨音を耳にしてうんざりした。どれほど降っているのかと、二階の窓から外に目をやった。

普段ならその季節は、午前五時であれば明るくなり始めている。けれど、雨のせいで薄暗い。黒い雲が空を覆っているせいで暗いのだけれど、激しい雨のせいで視界も悪い。が、青い者が雨に打たれてゆっくりと移動しているのがわかった。

実際の大きさの五分の一くらいに見えるほど離れており、視界も悪いのに、それが獅子舞だとはっきりとわかった。ただ、頭も胴も真っ青だった。冷たくてなぜか不吉な感じがする青だった。普通、獅子舞の頭は赤だし、胴を構成する布も生地は緑が相場である。それだけに、異様であった。

かといって、その青い獅子舞が何かしたわけではない。ただ、ゆっくりと歩いていただけで、山口さんも長い間見続けていたわけではない。それだけ、といえばそれだけのことだ。

山口さんの住んでいる集落で、その日にそれを見たという人は他にもいた。青い獅子舞が雨に濡れながら集落を抜けていった。その姿を見ていた。

ただ、その数は少なかった。早朝ということもあるし、そもそも住民は少ない。

そんな奇妙なものを見て数日後、その集落では数人が殺害されるという事件が起きた。

その犯人が、あの青い獅子舞の衣装を着けていたというのではない。また、その事件は報道されたが、数日前に青い獅子舞が目撃されたということは関係ないと思われるからだろう、報じられていない。

ただ、被害に遭わなかった住人は皆、あの青い獅子を見ていた。逆に殺された者全員が見ていないのかどうかを確認できないが、亡くなった一人は「五時なら俺も外を見たけどよ、そんな青い獅子舞なんかいなかった」と言っていたのを山口さんは憶えているという。

青い獅子舞が見えた者は助かり、見えなかった者は殺される。そう思えるのだという。

これは、殺害を予め知ったというわけではないけれど、奇妙なものを見たので〝何かある〟のではないかと感じたり、あとから考えてその〝予兆〟だったと思えるという類いの話であろう。何かからの警告であったけれど、読み取れなかったら予兆で、読み取れていたら予言になっていたのかもしれない。

特定する必要もないかと思うので、いつ、どこで起きた、どんな事件なのかは伏せるが、そんな被害に遭う予兆として青い獅子舞が目撃されるというのが不気味なので取り上げた。

冷凍室のカラ放送

木田さんは化学的な分析をする職業に就いていた。

個人や企業、公的機関などからサンプルが送られてきたり、場合によっては直接採取してきたりする。それを分析できるような形に抽出等の前処理をし、分析機器にかける。その測定値を基準に照らし合わせて評価して報告書を作成する。仕事内容はそんなところだ。

サンプルは必ずしもすぐに検査に回せるわけではなく、一旦は保管することも多い。物によっては劣化を防ぐために冷凍もする。そのために、冷凍できる倉庫がある。

また、作業も低温下で行う必要があるケースもある。そのために、部屋自体が低温に維持されているコールドルームも作られていた。コールドルームの奥にもサンプルが保管できるような冷凍室もあり、結構重宝していた。

ある日、急ぎの検査依頼を受けて、木田さんは残業することになった。そのサンプルがコールドルーム奥の冷凍室にあるので取りに行った。

コールドルームは木田さんの所属している検査室からちょっと離れたところにあった。その日は他に誰も残業していなかったので、廊下の電気は消してあった。照明を点けて進むも、人気がなくて少々寂しかった。また、夜に行くというのも寂しいものだった。

部屋の前に到着した。熱の出入りを遮断するための、重い金属の扉を引いて開けた。まず、手前の低温室に入り、奥へと進む。

と、澄んだ声が室内に響いた。綺麗な女性の声だ。綺麗だけれど、どこか冷たい感じがした。声ははっきりと聞こえるけれど、該当するような女性社員が思い浮かばない。

室内を見渡しても誰もいない。けれど、声は依然として止まない。

「オオシマ、ナカムラ、ヤマモト、カワセ……」

スピーカーの位置はわからないけれど、アナウンスが流れているのだと思えた。人名を読み上げている。どれも社員にいる名前で顔も思い浮かんだ。

呼び出しなのか？　と思ったけれど、社内には今自分しかいないので呼び出すのも変だ。それに呼び捨てというのもおかしい。

「キダ」

と、唐突に自分の名も呼ばれてギョッとした。

「えっ？」と声を上げると、ブツッとマイクを切った音がした。

やはりアナウンスだと思えた。自分も名前を呼ばれている、けれど、だから何をせよというのかわからなかった。

首を傾げながらサンプルをとって部屋に戻った。社内にはやはり自分一人で、社内アナウンスをしていたものなどいなかった。

空耳にしてははっきりし過ぎている。なんとなく気味が悪くて、一人でいるのは心細かったけれど、作業を始めると没頭できた。その晩、それ以上の変なことは起きなかった。

翌日、コールドルームでアナウンスを聞いた話をすると不思議がられた。気になって確認してくれた同僚もいたが、そんな放送を流したという事実はないようだった。

ただ、後になって気付いたことがある。

「オオシマ、ナカムラ、ヤマモト、カワセ……」

他にも名を挙げられていたものはいたが、憶えているのはその四人だ。彼らは、そして木田さんも含めて、みんな理由は様々だけれど、あのアナウンスに予言されたかのようにその会社を辞めているのだった。

響洋平

顔

「ねえ、恵美……？」

当時、中学生だった恵美さんは困惑していた。

起こされたのは真夜中だったという。寝室で母親と二人、布団を並べて寝ていたのだが、その母親が恵美さんの顔を覗き込んでいた。

「お母さん、どうしたの？」

眠い目を擦りながら母親を見ると、その顔は石像のように固まっている。眉間に皺を寄せ、まるで不審者を見るかのような目で恵美さんの顔を見ていた。

「何？」

母親は答えない。怖がっているのか、不審に思っているのか、何かを探ろうとしているのか。凍りついた表情からは、母親の感情が見えなかった。

「どうかした？」

恵美さんは、布団から上半身を起こすと母親の肩を揺すった。

スッと、硬直していた母親の表情が緩やかになった。いつもの顔に戻っている。

「恵美、あ、ごめん。なんでもない」

母親は無理やり笑顔を作ると、気にしないでと言った。

「そんなことが何度か続いたんです。お母さんが変になったんじゃないかと思って」

恵美さんが高校へ進学した頃にも、その現象は続いていた。

夜中に母親に起こされる。母は険しい顔をして恵美さんの顔を凝視している。何事かと尋ねても回答はない。しばらくすると、母は我に返ったように表情を緩めて「なんでもない」と言う。理由を尋ねても教えてくれなかった。

――私の顔に何か付いているのだろうか？

洗面台の鏡で顔をまじまじと見たこともある。しかし、おかしな所は何もない。

ある日の夜。強い視線を感じて、恵美さんは目が覚めた。

すぐそばに、覗き込んでこちらを見る母親の顔があった。

「まさか……」

母親が呻くように呟いた。いつもと少し様子が違う。「どうしたの？」と恵美さんは尋ねた。

母親は、恵美さんの顔を険しい表情で見ている。何も答えない。さすがに恵美さんも腹が立ってきた。

「お母さん、もういい加減にしてよ。私の寝顔って、そんなにおかしい？」

すると、母親は微かに首を横に振った。

「ケンイチ……」

母親が唐突に言った。

「何？　どういうこと？」

「ほら、健一おじさん。お母さんの弟の」

健一おじさんとは、恵美さんの叔父である。久しく会っていないが、小さい頃からよく遊んでくれた想い出がある。なぜその名前が出てきたのか、理解が追いつかない。

「健一おじさんがね、もうすぐ亡くなるの」

肩を落として母親がそう言った。「どうして？」恵美さんがそう尋ねるのと、母親の携帯に着信が入ったのは、ほぼ同時だったという。

その電話は、叔父の訃報だった。

恵美さんが母親からその事実を聞いたのは――いや、正確にいうと何が起こっていたのかを理解したのは次の日だった。恵美さんはどうしても気になり、母親に一体どういうことなのか尋ねたという。母親は、観念したかのようにこう言った。

「あなたの顔がね、これから死ぬ人の顔に見えるの」

母親の話は、次のような内容だった。

最初は恵美さんが中学生の頃。娘と寝ていると妙な胸騒ぎを感じて目が覚めた。何かに引き寄せられるかのように、隣で寝ている娘――恵美さんの顔を見た時、言葉を失った。

隣で寝ているその顔は、娘の顔ではなく、職場の同僚の顔になっていた。

そこには娘が寝ていたはず……。

恐怖とも驚愕ともつかぬ感情に襲われて動揺していると、目の前でその顔はぐにゃりと歪み、娘の顔に戻った。

次の日、その同僚が亡くなったという訃報を受けた。

亡くなったのは深夜――ちょうど娘の顔が変化した時刻。

そんなことが何度か続いた後、ようやく恵美さんの母親は、娘の顔がこれから死ぬ人の顔に見えるという現象が起きていることに気がついたという。

「私、その話をお母さんから聞かされた時に、本当に怖くて」

恵美さんは、その日を境に母親と同じ部屋で寝ることを辞めた。寝ている時の自分の顔は、本当に自分の顔のままなのだろうか……。彼女は今でもそれが気になって、眠れない日に悩まされることがあるそうだ。

廊下の声

岩手県出身のSさんという女性が、母親の美江子さんから聞いたという奇妙な話をしてくれた。それは、Sさんが生まれる直前のことだったという。

当時、美江子さんは岩手県で夫と新婚生活を送っていた。住居は一戸建て。生活も安定しており穏やかな日々を過ごしていた。ほどなくして美江子さんは、初めての子どもを身籠った。美江子さん夫婦にとっては待望の第一子であり、喜びもひとしおだった。

――彼女が妊娠して三ヶ月ほどした頃。

その日は朝から特につわりが酷く、昼食も取れずに午後は二階の寝室で横になっていた。そろそろつわりに慣れても良い頃だと思っていたが、倦怠感と胃の不快感はこちらの都合などお構いなしに襲ってくる。とにかく今は体を休めて、つらい症状が過ぎ去るのを待とう。そう思いながら美江子さんはベッドに横になっていた。

――ふふ、うふふ。きゃはは。

その声は、寝室の外――階段の下から、ふいに湧きあがるように聞こえてきた。とても楽しそうな女の子の声。一人ではない。何人かの子どもが、こそこそと嬉しそうに内緒話をしているような声だった。夫は仕事に行っているので、家には自分しかいない。ただ、美江子さんには、はっきりとその声が聞こえていた。

クスクスとその楽しげな声は続いている。しばらくして、その声は階下からゆっくりとこちらへ近づいてきた。忍び足で階段を上ってくる足音が聞こえる。

その声は階段を上り、寝室のすぐそばまで辿り着いた。

——うふふ、ふふ。

寝室の扉のすぐ外にいる。声の様子から、三人の子どもだということがわかった。

カチャ……。

扉が開く音がした。壁を向いて横になっている美江子さんからは見えなかったが、子どもたちが顔を寄せ合って寝室を覗き込んでいる様子が想像できた。

「ねえ、もうすぐなんだよ」「初めてだもんね」「そうだよね」

三人の女の子は、こちらに聞こえないように小声で話しているつもりだと思われるが、なんとも可愛らしいことにすべて聞こえている。仲良しの女の子が三人、ワクワクしながら嬉しさに堪えきれなくなり、顔を見合わせて笑っている様子が目に浮かぶようだった。

不思議なことに、美江子さんは何の違和感も感じていなかった。それどころか、まるで日常の一幕であるかのようにその状況を受け入れていたという。

「ごめんね。ちょっと今お母さん疲れてるから。下で遊んでなさい」

自然と言葉が口をついて出た。なぜそのようなことを言ったのだろうか。女の子たちは楽しそうにクスクス笑いながら去っていった。階段を下りていく三人の娘の足音を聞きながら、美江子さんはとても穏やかな気持ちに包まれていた。

——それから数年後。

美江子さんは、三人の子どもに恵まれた。女の子の三姉妹だった。その長女が、この話をしてくれたSさんである。娘たちが成長して小学生に上がった頃、美江子さんはふと、あの寝室での奇妙な体験を思い出した。

「あの時、寝室で聞いた声は、これから生まれてくる私の娘たちの声だった」

成長した娘たちが楽しく話している姿を見て、Sさんの母親はそう確信したという。

仲の良い三姉妹が、この世に生を受け現世で出逢える瞬間を心待ちにしながら、一人目が生まれる時の様子を見に来ている——。そう思えるようなことが家族の物語にはあったのだと、Sさんは母親から聞いた。

インターフォン

その日、L君が帰宅したのは夜二十二時少し前だった。

残業続きで疲れが溜まっている。カバンを床に置くと、郵便受けから取ってきた郵便物を無造作に机に放り投げた。壁に設置されたインターフォンを見ると、不在中に訪問者が来ていたことを示すサインが点灯している。

「最初は何かの勧誘か、宅配業者かと思ったんですよ」

L君は半年前にそのマンションへ引っ越してきたという。

東京の大田区にある八階建てマンションの六階の部屋。築六年の新しいマンションだった。職場からのアクセスも良く、近くには大きな公園もある。週末には渋谷や青山で遊ぶことも多く、その意味でも好立地の物件だった。間取りは少し狭い1LDKだが、一人暮らしには充分である。

彼の部屋には、モニター画面付きのインターフォンが設置されていた。玄関先にカメラが取り付けられており、来客があるとインターフォンのモニター画面にはその様子が映される仕様になっている。不在時に来客があった場合は、その時の映像が録画され、帰宅後に確認できるという便利な機能が付いていた。「留守電みたいに、不在時に来た人の映像と声が確認できるんです」と、L君は説明してくれた。

そしてその日——、帰宅後にインターフォンを見ると不在時の来客を示すサインが点灯していたというのである。

L君は、インターフォンの「留守録再生」ボタンを押した。

映像が再生される。

画面は真っ暗だった。

墨を塗ったような映像が続いている。

再生されているのだろうか。

いつもなら玄関先の映像が映るはずである。

——故障か？

そう思ったが、画面上部に表示された録画時刻は刻々と進んでいる。


二十一時五十五分。


この映像が録画された時刻が表示されている。しばらくして、黒い画面の奥が少しゆらゆらと動き始めた。誰かいるのだろうか？　そう思った次の瞬間。

ガタン！　ガ、ガガ……。

大きな音がして映像はそこでぷつりと終わった。

「何かを叩いている音なのか、足音のようにも聞こえたのですが……」

ただ、L君が本当に驚いたのはその後だった。

再生が終わり、インターフォンの画面には現在の時刻が表示された。


二十一時五十分。


――時間が遡っている。最初はそう思った。留守録の映像より五分早い。

日付や時刻の設定を確認したが、誤りがないことはすぐに確認できた。

つまり、先ほど見た留守録の映像は「今から五分後の映像」ということになる。「昨日の日付だったんじゃないですか？」と私は尋ねたが、L君は「それはないんです。何度も確認したのですが間違いなく今日の日付で、時刻設定も正しかったんです」という。

留守録に、五分後の映像が録画されている。

そんなこと、あり得ない。そう呟いたのとは裏腹に、言いようのない不安に襲われた。

五分後に玄関先へ何かが来る――。

強い現実感を帯びた予感が、すでに確信になっていた。

「ここにいてはいけない」

反射的な強迫観念に襲われた。L君は弾かれたように玄関へと走った。逃げようとしたのだ。乱雑に転がるスニーカーに足を突っ込むと、玄関のドアノブに手を掛ける。冷たいドアノブの感触を掌に感じたその時。

——今ドアを開けて、それが外にいたら……。

そう考えてしまった。慌ててリビングへ引き返す。どうしよう、行き場がない。マンションの六階である。窓から逃げるのは不可能だ。インターフォンを見ると、現在時刻は、二十一時五十二分から五十三分へと時を刻んだ。

——あと二分。

L君はスマホを手に取ると、友人に電話を掛けた。

「もしもし、ごめんちょっと話させて。何でもいいから」

「どうしたの?」

「何でもない。何でもないんだけど……」

「え? じゃあなんで電話してきたの?」

友人はとても困惑していたが、L君がその時、咄嗟に思ったのは「とにかく玄関先のことを考えてはいけない」ということだった。意識してしまうと、それが本当に現実になるような気がして——とにかく気を逸らしたかったのだという。戸惑う友人となんとか話を続けようと、あれこれ思いつくまま言葉を繋いだ。

「お前、ちょっと変だよ。大丈夫？」

友人は、本気で心配し始めている。

ふと時計を見ると、二十一時五十七分――。

問題の時刻は過ぎていた。


私がL君からこの話を聞いたのは、それから一週間後のことだった。

「結局何も起こらなかったので、とりあえずは良かったのですが……」

もしその留守録が五分後の映像だったとしたら、それは何かの予兆だったのだろうか。

引き寄せの法則というものがある。望む未来を意識してイメージすると、それが実現しやすくなるという説だ。アスリートが競技前に、自分の成功している姿を強くイメージすると成功確率が上がるという説にも近い。逆に言うと、実現させたくない未来は思考や意識から排除すると良いのだろうか。少なくともL君がその日、録画映像や玄関先から意識を外そうとしたのは、そうした防衛本能が働いたからなのかも知れない。

「その映像、いつの間にか履歴から消えていたんです」

その日以降、L君はインターフォンの録画機能を使うのをやめた。

本物

「お母さんの友達で未来が見えるっていう人がいるんだけど、今度会いに行く?」

T君が友人からその誘いを受けたのは、二〇一三年のことだった。

その年は、アルゼンチン共和国のブエノスアイレスで開催された国際オリンピック委員会（IOC）総会において、二〇二〇年夏季オリンピックの開催地に「東京」が選ばれた年である。連日、テレビや新聞などのメディアではこぞってそのニュースを扱い、東京招致を訴えたプレゼンテーションのスピーチで使われた「おもてなし」という言葉は、日本のホスピタリティを表す言葉として広く世に知られることになった。そのわずか二年前、二〇一一年には東日本大震災という未曾有の大災害が日本を襲っている。その傷跡がまだ色濃く残っているその時期において、「五十六年振りに東京でオリンピック開催」という明るいニュースに世間は沸きたっていた。

T君はその頃、スポーツ関連商品の会社に勤務していた。クラブDJとしても活動しており、交友関係も広い。別にオカルトに興味があったわけではないが「未来が見える人がいる」という友人の言葉には、とても興味を惹かれたという。その友人が言うには、母親が親しくしているAさんという女性には特殊な能力があり、未来が見えるそうだ。

「実際にAさんに会ったんですけどね。ごく普通の女性なんですよ。別に予言者とか占い師とか、そういう肩書きで仕事をしているわけでもないんです。――でも、本当に未来が見えるって言うんですよ」

T君は、友人とそのAさん宅へ訪問させてもらった。当然といえばそうかも知れないが、その能力は人に話しても信じてもらえないことが多いとAさんは言う。人智を超えた現象は、確かに実際に目の当たりにしないと確信することは難しい。「疑う人がいたら、その人の未来を見て言い当てれば信じてもらえるんじゃないですか?」とT君が言ったところ、Aさんは「それだけは絶対にやらない」と言った。

「直接本人にその人の未来を伝えてしまうと、その人は必ずその後の行動を変えてしまうんですよ。私が見た未来と、その人が迎える未来がズレてしまった場合、どこかで大きな歪みが起きてしまうんです」

――それって、本当に恐ろしいことなんですよ。

Aさんは語気を強めてそう語った。

どうも過去にそういった事件があったようだ。ただ、それについては頑なに教えてくれなかった。Aさんはそれゆえに、直接の知り合いではない人物の将来や、特定の場所や時事の推移についての、未来を見るケースが多いという。

実はこの時、T君は少しがっかりしていた。というのは、自分の将来について見て欲しかったからだ。正直なところ、T君もAさんの能力については半信半疑だった。もし未来が見えるという力があるなら、それはとても興味深いが、やはりにわかには信じがたい。T君は自分の未来を見てもらうことで、その不思議な力を確認したいと思っていた。

その時である。一緒にいた友人が、こんなことを言い出した。

「そういえばニュースで、二〇二〇年に東京オリンピックが開催されるって発表されたじゃないですか。どんな様子になるのか見えます？」

確かにT君も気になった。元よりスポーツ関連商品の会社へ就職するぐらいである。スポーツは全般的に興味があり、二〇二〇年に夏季オリンピックが東京に決まったと聞いた時の高揚感は尋常ではなかった。

どの国の、どの選手が活躍するのだろうか。

会場はどこに、どのような素敵なデザインで建設されるのだろうか。

世界中の人々がオリンピックを機に東京を行き交い、新しい潮流も生まれるだろう。

経済効果もきっと莫大なものになる。東京にはどれほどの観光客が来るのだろうか。

開会式はきっと素晴らしい演出で、大観衆を前に世界へ日本の文化を度肝を抜かせるほどアピールするものになるはずだ。それはどのような光景になるのだろう——。

T君は、期待に胸を踊らせながら、その回答を待った。

Aさんはしばらく目を閉じて集中した後、静かに目を開けてこう言った。

「二〇二〇年……ですよね？　何も見えないんです」

その表情はとても険しい。Aさん本人も困惑している様子だった。

「二〇二〇年の東京オリンピックですよ。一大イベントじゃないですか。街の様子も違うだろうし。きっと何か見えますよね？」

T君は尋ねたが、その後いくら訊いてもAさんは困り果てた表情で「二〇二〇年には、それらしき光景は何も見えない」としか言わなかった。

——結局、ニセモノだったね。

その日の帰り道、彼は呆れてそう呟いた。

侵蝕する風景

細野さんが三十代後半の頃。勤めていた会社の帰り道を車で走っていた時である。

陽が落ちる東京の街並みを眺めながら、いつもの見慣れた景色を通り過ぎていた。交通量は多いが、特に渋滞になる程ではない。

――正面にNトンネルが見えた。

このトンネルは、少し奇妙な造りをしている。通常、トンネルといえば半円形の入り口を想像するが、Nトンネルは巨大な陸橋の下を潜った先に四角いコンクリートの入り口があった。

そこを抜けると、景色は一変して緑豊かな墓地がある。しかもそこは陸橋の上。つまり、陸橋の下を潜るようにトンネルがあり、その先はトンネル自体が別の陸橋の上に造られているという入り組んだ建造物になっている。

細野さんは、陸橋の下を潜り、Nトンネルへ入った。

なんの前触れもなかったという。

――突然、目の前の風景が静止した。

まるで動画を一時停止したかのように、景色がピタリと固まったのだ。周囲を走る車も自分が運転している車も、一瞬で凍結したように静止している。急停止した時のような衝撃はない。

キーンと鼓膜を引っ張られたような感覚に気づく。周囲の音が突如として無音になったからだ。完全な静寂。

「いったい何が起こったのか、わからなかったんです」

細野さんが状況を掴めず唖然としていると、目の前に広がる静止画のトンネルの奥から何かが近づいてくる。視界の中で唯一それが動くものだった。

――黒塗りのベンツ。

それは反対車線をこちらへ向かって走ってくる。

近づくにつれて、運転席の様子が見えた。

「そこにね、私がいたんです」

そのベンツを運転しているのは、細野さん自身だったという。白いワイシャツに赤いネクタイをしている。それを目で追いながら、細野さんは為す術もなく呆然としていた。

ベンツはさらにこちらへと近づいてきて、横を通り過ぎて行った。

――そして、世界が真っ白になったという。

遠近感を奪われるほどの白い光が目の前に広がっている。ゆっくりとそこに色が滲み出し、輪郭が現れ始めた。鼓膜の感覚が、ゆっくりと温まるように戻ってくる。

ザッ、ザッ、ザッ……。すぐ近くで音がする。それは、自分の足音だった。見たことのない山の中を歩いている。曇り空の下、あたりには白樺の木が立ち並んでいた。風が少し冷たい。

森の中の小道――枯葉が積もる地面を、踏み締めるように前へと進んでいた。

左を見ると、一軒のログハウスがある。

木造二階建て。一階に駐車場があり、その脇に外階段が付いていて二階へ上がれるようになっている。窓も多く開放的で、外観のデザインも良い。細野さんは引き寄せられるように、そのログハウスへと近づいた。外階段を上り、二階のエントランスから中へと入る。部屋の内装も上品で、間取りも自分好みだった。

「これはいい……」

そう呟いたと同時に、世界が一変した。

――気がつくと、Nトンネルを抜けた先の信号の前だった。

「……なんだ、今の」

ハンドルを握ったまま、細野さんは思考を整理するので精一杯だった。後ろから大きなクラクションが聞こえる。ハッとして前を見ると、信号は青に変わっていた。

「しばらくの間は、それが何だったのか悩んでたと思うんですけどね。ただ、結局その時は夢みたいな幻覚を見てたんじゃないかって。そう思うしかないじゃないですか」

細野さんは、それ以上考えることをやめた。


――一年後。

細野さんは、会社での営業成績も好調で、収入が格段に増えた。当時は独身で、大きな出費が掛かることもない。これまでに貯めた資金と合わせて、念願のベンツを購入することを決めた。

それは、友人の結婚式の帰りだったという。愛車のベンツで都内を走っており、Nトンネルに差し掛かった。一年前とは逆方向——墓地のある方からトンネルへと入った。

「その時に思い出したんですよ。それまではすっかり忘れていたんですけどね」

一年前、Nトンネルで体験した奇妙な出来事の記憶が蘇ってくる。静止した光景の奥、対向車線から向かってくるベンツ。そこに乗っていた自分の姿。

細野さんはハッとして、自分の服装を見た。白いワイシャツに赤いネクタイをしている。

「そこでわかったんです。一年前に見た光景は——今の自分だったんですよ」

それに気づいた時は全身に鳥肌が立つほど戦慄し、ハンドルを握る手に力が入った。このまま直進すると、一年前に自分が奇妙な体験をした場所に出る。

もし、そこに自分がいたら……。

トンネルの出口で、細野さんは反対車線を見ることができなかった。

現在、細野さんは都内でタクシーの運転手をしている。

年齢も六十代になり、その奇妙な出来事は、もうすでに二十年前のことだという。

アウトドアが趣味の細野さんは、今もキャンプや山歩き、川釣りを悠々自適に楽しんでいる。余暇の楽しみとして、そろそろ景色の良い場所に別荘を買うのも良いかなと考えていた時だった。不動産関係の仕事をしている友人が「細野君、この物件好きそうだけど、どうかな？」と言って、一軒のログハウスを紹介してくれた。外観の写真と間取り図の資料を見せてもらった細野さんは彼にひと言、こう伝えた。

「もう行ったことがあるよ」

首落ち

「その人形、いつからあるのかわからないんです」

東京恵比寿の飲食店で働くTさんは、小学生の頃、実に奇妙な体験をしたという。

彼の実家は東京H市にあった。都心から離れた郊外の長閑(のどか)なエリアであり、家のそばには川が流れている。家屋は自営業をしている父親が自宅兼事務所として建てた三階建ての建物であり、一階と二階は父の会社の事務所、三階が4LDKの住居だった。玄関を入ると手前にリビングと姉の部屋があり、廊下を奥へと進んだ片側にTさんと兄が一緒に使う子ども部屋がある。その部屋の向かい側には廊下を挟んで両親の寝室があった。

「親の寝室に、日本人形が二体あったんですよ。それがどうも気味が悪くて……」

どちらも女の子の人形だった。大きさは二十センチ程の小さなもので、特に丁寧に飾られている風でもなく、棚の上に剥き出しのまま置かれていた。

それは、Tさんが九歳の頃。

夜中にふと目を覚ますことがあった。誰かに監視されているような、居心地の悪い奇妙な感覚に襲われたという。そっと布団から顔を起こして部屋を見た。窓からは月明かりが差し込んでいる。人の気配はない。部屋の扉は開いており、その奥の廊下は漆黒の闇。

　　――何かが、動いている。

　強い気配の根源がそこにあることに、彼はすぐ気づいた。

「人形だったんですよ。ゆっくりと、こっちへ向かって近づいて来るんです」

　廊下の闇から、一体の日本人形が姿を現した。両親の寝室にある人形の片方だ。月明かりに浮かび上がる能面のようなその顔は、無機質で底知れぬ不気味さがあった。

　ズズ……、ズズ……。

　微かだが、床を擦るような音がしている。

「こちらが見ていることを、気づかれてしまったんです」

　奇妙なことにTさんは、人形と目が合った瞬間にそれがはっきりとわかったという。気がつくとそれは、すでに目の前まで迫っていた。

「声なんて出なかったですよ。あっという間でしたから」

　Tさんの意識があるのはそこまでだった。能面のような人形の顔だけが、焼き付いたように残像として記憶に残っていた。


　次の日は学校だったが、終始もやもやしていて落ち着くことはなかった。

　あれは夢だったのだろうか。いや、それにしては明瞭に覚えている。授業も上の空で、人形のことが頭から離れなかった。学校を終えて家に帰ったのは夕刻。両親は仕事で家を空けており、兄も姉もまだ帰宅しておらず、家には誰もいなかった。

「どうしても気になって……。人形を見てみようと思ったんです」

Tさんは両親の寝室の扉を開けた。西陽が差し込む静かな部屋。棚の上に、二体の日本人形が立っている。右側が、昨晩こちらへ迫ってきた人形だった。能面のような表情が、こちらをじっと見据えている。次の瞬間。

——ゴトン！

その人形が、弾かれたように棚から落ちた。「うわっ！」Tさんは心臓が喉から飛び出るほど驚いた。床を見ると、落下した余韻でユラユラと胴体が転がっている。

その首は、抜け落ちていた。

胴体の脇に放られた生首は、Tさんを見上げていたという。


「母が事故に遭ったと聞いたのは、その直後なんです」

その日、車を運転していた母親は、なぜかハンドル操作を誤り、道路脇の街路樹へ激突してしまった。人身事故にはならなかったが、車は正面から突っ込んだため、フロント部分が大破してしまい、警察が駆けつけた時は慌てて救急車を呼びつけるほどだった。後に聞いた話では、そのレベルの事故の場合、重傷を負ってもおかしくない状況だったそうだ。しかし、Tさんの母親は特に大きな怪我もなく、ほぼ無傷だった。

ただ、首の頸椎捻挫（むち打ち）だけがつらい症状として残ったという。

「あれは、人形が何かを予知していたのでしょうか。それとも、身代わりになってくれたのでしょうか。それ以上に、なぜ僕にだけその人形はコンタクトしてきたのか、わからないんです」

Tさんはその後も、この怪奇な体験がトラウマのように心に残っていると語ってくれた。


これに加えて、Tさんが話してくれた事実がある。

彼の実家のそばに川があるが、その川は弓形にカーブしており、ちょうどそのカーブの外側にTさんの実家が建っていた。Tさんの同級生で霊感の強い友人が、ある時「この川、誰か人死んでない?」と言い出した。まさかと思って調べてみると、以前その川のその場所で、精神の病を患い入院していた患者が亡くなったという事件が実際にあったという。「この場所、たくさん良くないモノが溜まっているよ」と、その友人は言っていた。一般的に風水では、弓形の川の外側の立地は「反弓水格」「反跳水格」と呼ばれ、邪気が溜まり、金銭の損失や家庭不和、離婚などを招いてしまう凶相とされている。

また、これはTさんが親から聞いた話だが、実家を建てて間もない頃、家相を鑑定してもらうことがあった。風水と奇門遁甲を専門とする占術師に来てもらい、家の立地から間取りまでを鑑定してもらった結果、「子ども部屋が鬼門の方位にあります。ここは悪い気が溜まりやすい場所なのでお勧めしません」と告げられた。

事実、Tさんは子供の頃から体の右側に怪我や病気をすることが多かった。「そんな話があったなら、親も早めに手を打ってくれれば良いのに」と後に思ったそうだが、親としては新築で建てた物件を早々に手放すわけにはいかず、鑑定結果もそこまで真に受けていなかったという。

建築や立地の空間的な特性が、霊的なモノや悪い気を溜め込むという説は、特に中国において根強く信じられているが、日本にも忌事・禁忌の中に、立地や間取りに関する事柄も多く、家相によっては鬼を招いてしまうという考え方は存在する。

Tさんは、もしかすると家の立地や間取りにおいて、最も悪い場所に身を置いていたのかも知れない。それゆえに、人形に宿る何かとコンタクトしやすい状況だったのではなかろうか。

日本人形の一件や、Tさんの怪我が続くこともあり、両親は真面目に実家の家相について何とかしないといけないと考え始めたが、残念ながらその後、父親の会社経営が上手く進まず、みるみるうちに業績は悪化。数年後には会社を畳み、Tさん一家はその家を売却して引っ越すことになった。後に聞いた話によると、Tさんの実家の建物を買い取った会社も、あっという間に経営不振に陥り、倒産したという。

ただ、新居に引っ越しを終えた時、Tさんはあることに気がついた。

「あの日本人形が――どこにもない」

それは忽然と姿を消していた。家族は誰も捨てた覚えはないという。

泥棒が

Kさんの祖母が他界する少し前のことだったという。

実家の一室で寝ていた祖母が夜中に大声を出したので、Kさん家族は駆けつけた。

「泥棒が入ってきたんだよ。あまりにも堂々と窓から入ってきたもんだから、私は腹が立ってさ。『出ていけ！』って、怒鳴って追い返してやったんだよ」

祖母がそう言った。慌てて家族は祖母の部屋を調べたが、人が侵入したような痕跡はない。窓を見ても鍵が掛かっており、開けられた様子はなかった。

「おばあちゃん、きっと夢でも見たのよ。誰も入ってきてないからね」

Kさんがそう言うと、祖母は気を悪くしたのか「本当だよ。窓から泥棒が入ってきたんだから。用心しないとダメじゃないか」と少し語気を強めた。

Kさんの実家は閑静な住宅街にあり、治安も良い。これまで空き巣の被害に遭ったことはなかった。母は後期高齢者であるため最初は幻覚や幻聴の類かとも思ったが、これまでにそんな症状が見られたことはなく、それも腑に落ちない。結局、家族の間では「おばあちゃんはきっと夢でも見たんだろう」ということで話は落ち着いた。

――それからほどなくして、祖母は他界した。

最期は病院で息を引き取ったが、葬儀は実家で行われることになった。祖母の遺体は実家へと移送され、式が終わるまでの間は祖母が使っていた部屋に安置されることになったという。

「その時に、妙な事件があったんです」

Kさんが朝、祖母の遺体が安置された部屋に入った時だった。

カーテンが風になびいている。窓は閉まっていたはずだが、誰かが開けたのだろうか。そう思って窓を確認した時、鍵の周りのガラスがくり抜かれるように割れているのを発見した。何者かが外側からガラスを割り、鍵を開けたと思われる。

「泥棒だ！」慌ててKさんは家族を呼び、警察へ通報した。駆けつけた警官と共に、部屋の様子を調べたが、箪笥の引き出しが開けられており、物色された痕跡がある。通帳と印鑑を保管していた引き出しだったため、Kさんの両親は真っ青になっていた。

しかし不可解なことに、開けられた引き出しの中には通帳も印鑑もそのまま残っている。明らかに人が侵入した痕跡はあったが、結局何も盗まれてはいなかった。犯人は、ここまできてなぜ何も取らずに去ったのだろう。

――翌日、犯人は自首したという。

これは後に警察から聞いた話だが、犯人は侵入して箪笥を物色しようとした時、暗闇の中から突然「出ていけ！」という老婆の声が聞こえたため、慌てて逃げたと供述していたそうだ。

「おばあちゃんは亡くなる前、あの部屋で少し先の風景を見ていたのでしょうか」

Kさんは今でも、その時の祖母の顔を思い出すという。

エレベータ

ひたひたと水の音がしていた。配管だろうか。それとも雨漏りだろうか。何層もフィルターが掛かったような霞んだ視界。薄暗い廊下には乏しい蛍光灯の光が灯っている。古いコンクリートの壁を横目に、正面には鉄の扉が重い口を閉ざしていた。

「雑居ビルなんですけど、初めての場所でした」

高樹真美さんは、エレベータが来るのを待っていたのだという。「匂いはどうでした？　覚えてますか？」私の質問に対しては、記憶にないと答えた。

低い唸り声を絞り出すような音が近づいてくる。エレベータの機械音が徐々に輪郭を帯びてきて目の前で静止した。

「中には、初老の男性と、赤い着物を来た女性がいたんです」

エレベータの扉が開くと、中に二人の人物が立っているのが見えた。

初老の男性は、黒の中折れ帽に高級そうなスーツを身に纏っている。隣の女性は、艶やかだが品のある赤い椿の柄の着物を着ていた。年齢は六十代くらいだろうか。モノトーンの風景に刺すような赤が映えている。真美さんはなぜか自分が場違いのような気がして、少し遠慮がちにエレベータへ入ると、隅の方へ身を寄せ、そっと腕を伸ばして目的の階のボタンを押した。

「その時に気がついたんです」

初老の男性の顔――。それは、かつて師事した日本画のY先生だった。

「あっ、先生お久しぶりです。高樹です。お元気にされていますか？」

返事はない。

Y先生の元を去って五年ほどの月日が流れている。当時は親しい間柄で、日本画のこと以外についても親身に相談に乗ってくれる人だった。しかし、初老の男性はこちらを一瞥した後、表情一つ変えず何事もなかったように視線を正面に戻した。

人違い？

いや、そんなはずはない。

少しの間、気まずい空気が流れた。

お元気そうでよかったです。取り繕うようにそう言って、真美さんは正面へ視線を移した。男性からの言葉はない。エレベータが低い機械音を響かせている。

しばらくして、真美さんは突然、右腕に強い衝撃を感じた。

――痛い。

見ると男性が真美さんの右腕を掴んでいる。初老とは思えない強い握力で、腕を握り潰そうとしているようだった。その手は小刻みに震えている。

「先生、どうしたんですか？　やめてください」

突然の奇行に戸惑いを隠せず、真美さんはY先生の顔を見た。それはまるで別人のようだった。いつもの穏やかで温厚な表情とは程遠い。帽子の影の下、その顔は歯を食いしばり、かっと目を見開いたまま、こちらを睨みつけていた。

ぐ……。ぐ……。

男性はまるで言葉を禁じられたように口を閉ざしている。ただ、その血走った目は必死で何かを訴えているようだった。

「お願いです。離してください」

真美さんは絞り出すような声で訴えた。

無意識に助けを求めようとしていたのか、Y先生の隣に立つ着物の女性を見た。女性はまるで表情のない人形のように無機質な顔でこちらを見ている。切れ長の目は冷たく、ガラスのようだった。

「その顔を見た時、ほんとうに怖いと思ったんです」

真美さんは腕を引き剥がそうともがいた。しかし、男性の手は力を緩めないどころか、さらに強い握力で真美さんの右腕を締め付けてくる。そして、もう片方の手をゆっくりと前に出すと、人差し指を上に向けて突き立てた。

ぐ……。ぐ……。男性は相変わらず言葉を発することなく、人差し指を上の方へと動かし始めた。上に何かあるのだろうか。ただそれを確認する余裕はない。上に向けられた人差し指が小刻みに震えていた。

隣の女性はこちらを見ている。着物に描かれた血のように赤い椿。

その時。

――ポーン。

エレベータが停止し、扉が開いた。

「もうやめてください」

真美さんは渾身の力で腕を振り解くと、開いた扉から外へと飛び出した。

「そこで私、目が覚めたんです」

気がつくと寝室だったという。自分が夢を見ていたことに気がついた。

午前二時四〇分――。机の上のデジタル時計が真夜中を示している。暗い部屋で、ここが現実であるという感覚を取り戻すまでに少し時間が必要になるほど、その夢の質感がじっとりと肌に纏わりついていた。


その日、真美さんに一件の電話があった。

――昨晩、Y先生が亡くなりました。

その訃報を受けた時、驚いたのは当然である。

「先生が亡くなられたのは、昨夜の何時でしょうか?」真美さんは受話器の向こう側にいる相手にそう尋ねた。こんなことを訊くのはきっと変だ。そう思ったが、なぜか反射的に訊いてしまった。「先生が亡くなられた時刻ですか？　確か……」

相手の返答を聞いた時、頭の中で何かがストンと落ちたような、乾いた恐怖を感じた。しかし一方で、妙に腑に落ちる感覚があったのも事実だった。


Y先生の葬儀は、都内の斎場で行われたという。

真美さんは時間通りに行ったつもりだったが、立派な祭壇を前にずらりと並ぶ椅子には、すでに半分ほど喪服姿の参列者が座っていた。Y先生に師事していたのはもう五年前になる。見覚えのある人はいなかった。真美さんは静かに後方の席に座った。

「すみません。ちょっといいですか」

背後から声を掛けられ、真美さんは振り返った。髪を綺麗に結った女性が立っている。年齢は六十代くらいだろうか。美しい姿勢で気品のある佇まいをしている。身に纏っている着物は、艶やかな赤。そこには椿が描かれていた。

初めて会う人だ。それなのに私は――このひとを知っている。既視感とも少し違う。そこにいたのは、夢の中のエレベータで見た女性だった。

「私、Yの妻です」

表情一つ変えずに女性はそう言った。

「葬儀の場でこのような派手な着物は失礼かと存じますが、生前主人がとても好きだった着物なので、どうぞご容赦ください」

次の言葉が出ない。

それを見抜いたかのような表情で、女性が言った。

――先日は、エレベータで主人が失礼しました。

幽木武彦

神勢（しんせい）調査員

1

Kさんと出逢ったのは、ずいぶん前になる。

私はその頃も今と同様、ネットで情報を発信しながら占い師として活動していた。

Kさんはそんな私に興味を覚え、コンタクトをとってきた。

最初はごく一般的な人生相談から始まった。だが今にして思えば、Kさんには「語りたい」という思いがあったのかも知れない。

つきあいが始まってほどなくすると、特異な力を見せ始めた。

Kさんは能力者だった。

西日本某県の女性。出会った当時は四十代で、聡明さを感じさせる美しい日本語を操った。

だが私との関係がこなれたものになるにつれ、その言葉には時折フランクな関西弁が混じるようになった。

両親のネグレクトのせいで、かなり壮絶な子ども時代を送ったらしいことも、やがて私は知った。

小さな頃からこの世のものならぬ存在が見えた。

父方のＤＮＡだろうと彼女は思っていた。人間的には問題の多い父親だったが、父はもちろん叔父たちも、不可思議な異能を持っていた。

奇妙な力は、幼い時分からKさんとともにあった。だがKさんは、そうした素顔を誰にも見せていない。夫や子供にすら、おのれの力について語ったことは一度もないという。

意外に思い、どうしてですかと質問をした私にKさんは言った。

「そんなことを話しても意味がないじゃないですか。頭がおかしくなったと思われるのが関の山です」

言葉には深い諦観があった。諦観は、その奇態な人生から必然として生まれた。

親兄弟とはとっくの昔に縁が切れ、手を合わせる先祖もいない。

「知人や友人も一人もいないですしね。ふつうの人には、私は見えないんです」

Kさんは自嘲的に言った。

ハッと息を呑む、美しい容姿に恵まれた人だった。

だがそれでも、集団の中で目立つ存在でいるのはごく短時間。いつしかどこにいても、空気のような存在になっていくという。

「それでいいんです。人の記憶になんて残りたくないですし。私の夢は、誰も私を知らない場所で身元不明者として死ぬことなんです」

そんなKさんが私に胸襟を開いてくれた理由の、本当のところは分からない。しかし、この人だったら話してもいいかもと、なぜだかKさんは私を選んだ。

ご神仏の導きだった気もする。

Kさんに見えるのは、幽霊だけではなかった。

神や仏とコンタクトができた。

それがKさんという能力者の、もっとも特異な力だった。

「神様は生きてそこにいます」

Kさんは、よくそう言った。


忘れられない出来事はいろいろとある。

たとえばある霊場で、私が寺院の住職と御朱印をめぐって一触即発の状態になったことがあった。

そのお坊さまの態度はあまりに理不尽だった。

訪ねた私たち参拝者を、人を人とも思わない態度で怒鳴ったり舌打ちをしたりイヤミを言ったり、それは目にあまるものだった。

もちろん、私たちを神聖な世界に導いてくれる僧侶への敬虔な思いは人並みにある。

だが家に戻ってはきたものの、やはり私は納得できなかった。ひと言だけでも意見を言わずにいられなくなり、ことをかまえようとした。

そんなとき、ふいにKさんが連絡をしてきた。

今、何をしていますかと言う。

私はタイミングの良さにとまどい、どうしてこんなときにと思いながら、事情を説明した。

「なるほど、そういうことですか。ようやく分かりました」

Kさんは言った。だが重ねてこうも言う。

「怒る気持ちは分かります。でも、やめておいたほうがいいですよ、先生」

私は気勢を削がれる気持ちになった。

「どうしてですか」と、やや気色ばんで聞いた。

すると、Kさんは言った。

「今、先生の背後のかたが私のところに来ています。うしろから髪を引っぱられました。先生の背後のかた、『あいつを止めろ』とおっしゃっています」

2

あるいは、こんなこともあった。

そのころになると、すでに私はKさんの能力をかなり信じるようになっていたが、さらに決定打となった出来事だ。

あるとき、唐突にKさんが言った。

「ねえ、先生。先生って『いづなごんげん』と何か関わりがありますか」

Kさんはときどき、こんな風にいきなり問いかけてきた。そのときも、突然のことだった。

「土曜の夜だったと思うのですが、頭にモワモワするものを感じながら、先生は何をやっているのかなと考えていたら、突然お不動様のシルエットが見えたんです」

お不動様？

「ええ。背後に炎を背負ったあの形です。だから私『ん、お不動様……どちらのお不動様だろう』と考えたら、いきなり頭のなかに『いづなごんげん』という言葉が浮かんだんです」

Kさんはいつもこうだった。

何かをしていると、いきなり怪異なことが起き、知らなかった言葉が頭の中に降りてくる。最初に「いづなごんげん」という言葉が降りてきたときも、Kさんはそれがなんなのか、よく分かっていなかった。

「その後、先生とLINEでやりとりをしてから、夜、キッチンで洗い物をしました。そして、そう言えば『いづなごんげん』って先生の念だったのかな。それとも先生のまわりにいる何かなのかしらとか改めていろいろ考えて……ふと見たら、着ていたフリースの上着に、白い動物の毛が一本付着していたんです」

――うん？　これはつまり、白狐か何かだというメッセージ？

Kさんはそう思った。

さらに興味が増した彼女は、ネットで「いづなごんげん」について本格的に調べはじめた。

その結果、「いづなごんげん」が飯縄権現であり、白狐にまたがった不動明王のような神であることを知った。

また私について考えるたび、飯縄権現に関係したできごとが発生することから、やはり私と飯縄権現がなんらかの形で関係していることも、改めて確信したという。

ちなみに飯縄権現は山岳信仰を発祥とする、神仏習合、修験道の神である。

正直、私は驚いた。

今から十年ほど前、突如として仏像に魅了されるようになった。

理由は今もって分からない。なぜだかいきなり仏像に惹かれ、全国各地の仏様を憑かれたように見て回った。

そんなある日、私は東京、高尾山の薬王院に飯縄権現の仏像があることを知った。

雑誌で尊像を見て、心奪われた。

これは生で見てみたいと思い、ご祈祷なるものを受ければ本堂の像を拝めると知って、仏像見たさに生まれて初めて修験道の祈祷を受けた。

カルチャーショックだった。

額に兜巾（ときん）をつけた山伏たちが法螺貝（ほらがい）を吹き、太鼓をたたき、錫杖（しゃくじょう）を鳴らして唱和する般若心経に私は痺れた。流れで本堂の奥へと案内され、間近で見あげた飯縄権現の尊像に、私は恋をした。

結局それから六年間。どんなに人に笑われても、私は高尾山でもらってきた祈祷札を手放せなかった。ずっと手を合わせ、拝みつづけた。

私にとって飯縄権現とは、そういうご神仏だった。

ただし、そんなことは誰にも言いはしない。それなのに、いきなりKさんから「いづなごんげん」という言葉を聞いて、私は興奮した。

いや実はですねと、ことここに至るまでの飯縄権現とのことをすべて話した。だが説明を聞いたKさんの反応は、なぜだか重い。

「あの、先生。気を悪くしないでほしいんですけど」

Kさんは言った。

「ちょっと変です。先生と関係のある『いづなごんげん』って、高尾山の『いづなごんげん』ではない気がするんです」

は？　なんだそれ、と私は思った。

Kさんはさらに言った。

「私が感じた『いづなごんげん』の氣って、高尾山の『いづなごんげん』ではないんですよね。何て言うんだろう。もっと土着的っていうか……発している氣は、たとえば長野の飯縄山なんかの感じなんです」

私はキツネにつままれたような気持ちになった。

長野の飯縄山（いいづなやま）（飯綱山とも書く）は、日本における飯縄信仰発祥の地。総本山と言える「飯縄神社（皇足穂命（すめたるほのみこと）神社）」まであるものの、私の個人史的に言うならば、縁もゆかりもまったくない。

たしかに私は、長野県の出身だ。

だからこそKさんの話を一笑に付せなかった。

だが信州の出とはいえ、実際には中信地区である松本の生まれ。飯縄山は新潟寄りの北信地区にあり、生まれてこのかた行ったこともなければ――。

いや、待てよ。

突如として、脳裏に去来するものがあった。

これまで知識としてはあったものの、自分の人生とは関係がなく思え、深く気にも留めずにいた先祖の出身地。

むろん、その時点でKさんに教えてなどいなかったが、遠い遠い私の先祖は、北信地区にある「A」という村の出だと聞いていた。

しかし私はこれまで一度として、そのAなる村を訪ねたこともなければ、地図で正確な場所をたしかめたこともない。先祖どころか、太平洋戦争に出征して身体を壊し、早くに亡くなった祖父のことさえ、よく分からないままここまで来ている。

胸騒ぎがした。

生まれて初めて、ネットで先祖の出身地を検索した。検索のための単語は「長野」と「A村」。言葉を入力し、エンターキーを押した。

時間が止まった。

PCの画面に「長野県飯綱町大字A」という検索結果が表示された。

飯綱町。

長野県北部、長野市の市街から車で半時間ほどに位置する風光明媚な町。平成十七年、旧牟礼村と旧三水村が合併して誕生した。

人口は約一一〇〇〇人。飯縄山の麓に広がるのどかな町で、A村は旧三水村の一村だった。

私と、飯縄山の飯縄権現がつながった。A村は飯縄山の山懐に抱かれた環境。遠い昔の先祖たちが畏怖すべき山の神、飯縄大明神を信仰していたか、恐れ敬っていた可能性はそれなりに高い。

私は興奮しながら、Kさんにそのことを話した。しかしKさんは、ハイテンションになる私とは反対に、いつものようにクールだった。

「たしかに、ご先祖様が信仰なさっていたから、幽木先生も飯縄権現とつながりがあるのかも知れないですね。でも先生が過去世において、飯縄山で修行をする行者さんだった可能性もあると思いますよ。その魂がA村のご先祖様に転生し、今は先生として転生しているのかも知れませんし」

なるほど。もちろん、本当のところは分からない。だが今でもこのときの驚きを、私は忘れられずにいる。

そして、これからお話するエピソードの衝撃度は、さらにこの上を行く。

3

「先生、私、ようやく自分が生かされている意味が分かりました」

あるとき、Kさんは私に言った。

死ぬときは身元不明者として一人で逝きたいと言い、子供が大きくなってしまった今、やることなんて本当にない、いつ死んでもいいんですと、いつも自虐的に言っていたKさんが、それまでとは打って変わった感じで言ったのであった。

「私、どうやら神勢調査員らしいです」

意味が分かったとはどういうことですかと聞いた私に、Kさんは言った。

神勢調査員。

もちろんKさんの造語である。命じられた神社を視察し、はるか高次元におわす神々に結果をレポートする調査員ということらしい。

それまでもKさんは、さまざまな神社を訪れては、神々についての不思議な話をしてくれた。とてもここでは紹介しきれないが、彼女は神からのクレームもあれこれと聞いていた。

「以前は、初めて訪れる神社に行くと神様に警戒され、威圧されていたんです。でも最近は悩みを聞かされたりして、威圧されることもなくなっています。いつの間にかクレーム受付員にジョブチェンジしたみたい」

そう自嘲気味に語っていたことを思いだす。

そんなKさんが、自らの使命に気づいたと言う。

神々のために動く。

神の悩みを聞き、より高次の神にその神社の現状を報告する。

解決云々は仕事ではない。それはあくまでも、神の領域。

とにかく自分は、訪れることを命じられた神社に出向いて観察をし、ありのままを報告する――Kさんは自身に課せられたミッションに、明らかに活き活きとしはじめた。

休日になると精力的に、神々に命じられたという神社におもむいた。

そして、そこで出逢った神から聞いたことや、自分の目で見たもの、感じたことを、さらなる神たちへと伝達する奇妙な日々を送りはじめた。

凡人である私には、もしかしたらKさんが共有しようとしてくれる神勢調査員としての話は、半分も理解できていなかったかも知れない。

だがそんな私でも、Kさんが変わったことは分かった。

そんなある日のことである。

「あの会社、ちょっとまずいんじゃないかなって、私思ったんです」

いつものように、Kさんは神勢調査の結果を報告してくれた。

神の意志にしたがい、その日も彼女は、ある神社を訪れた。正確な場所も、名前も明かせない。ここではQ神社とする。Kさんいわく、初めて訪れたQ神社は、恐ろしいほど神の清浄度が高い聖域だった。

境内いっぱいに、強烈な神氣が満ちている。

神社の由緒書きに名を記されている御祭神もたしかに立派な神ではあったが、Kさんは本能的に、その神以上の神氣をそこに感じた。まるで天地開闢（かいびゃく）の神がおわすような、ただならぬ氣さえ感じたという。

「前日の夜、境内にところ狭しと植えられている木のイメージが見えたんです。なので、もしかしてこの社の神様は、境内に木がなくて寂しいのかなと思ったのですが、訪ねてみると案の定、たしかに近代化のしわ寄せを食らってしまっていて、境内に樹木は少ない。とても、高次の神がいらっしゃるような場所ではなくなってしまっているんです。人間って恐ろしいですよね、平気であんなことができるんだから」

Kさんはそんな風に、その日のレポートをしてくれた。しかもQ神社の隣には、某企業の立派なビルがそびえ立っている。

「やるな、○○○○（会社名）。嗅ぎつけかたが半端じゃないって思いました。神社の聖なる氣を勝手に流用して、自分たちのビジネスに活かしているんでしょうね」

Kさんは「土地の気」にも敏感な能力者だった。よく嗅ぎつけてくるなと感心しますと、彼女は苦笑した。

その上Kさんが見たところ、Q神社が発する神氣への、その企業の介入のしかたは露骨なほど。富や権威、権力を得たいというおぞましいまでの欲望が感じられたという。

「いやな予感がしました」

Kさんは憂鬱そうに言った。

彼女はその日もいつものように、神勢調査員として現地で見たもの、感じたことのすべてを高次の神に報告した。だがその日の報告は、かなり重苦しい気持ちとともにだったという。

「もしかしたら、何かあるかも知れません。もちろん、何もないに越したことはないんですけど」

Kさんはため息交じりに私に言った。

予言めいたその言葉に、私も心にさざ波が立った。


そして、事件は起きる。

Kさんと話をしてから十七日後。

Q神社の隣の企業。

年若い社長が急死した。


私は度肝を抜かれた。鳥肌が立った。

仕事場のPCの前に陣どり、入手できるさまざまなニュースを、パニックになりながらかき集めたことを今でも覚えている。

その社長は、まだ命を落とすような年齢ではなかった。若々しく、精悍。病気などというものとは無縁に思えた。

――もしかしたら、何かあるかも知れません。もちろん、何もないに越したことはないんですけど。

はっきりとそう口にしたKさんの記憶が、日がな一日、私を呪縛した。

驚愕。衝撃。畏懼。恐怖。

気安く足を踏みいれてはいけない領域に彷徨いこんでいるような気持ちになった。

あわててKさんに連絡をした。

だがKさんは、いつものように冷静だ。

「神の力を吸おうだなんて、不遜で穢らわしいですからね。まるで、くっついているダニのようでした。大きなビルが神聖な社を見下ろす形になっていましたし。何様なの、〇〇〇〇って感じでしたから」

現地調査の結果、粛正されたのだと思いますと、彼女は淡々と言った。

ことここに至り、私は神勢調査なるものの恐ろしさにようやく気がついた。

やはり自分は、足を踏みいれてはいけない世界に、いつの間にか迷いこんでしまっていたのだと慄然とした。

4

それからほどなく、私とKさんの関係は終わった。

「先生、昨日何かされましたか?」

Kさんが聞いてきた。

いつものように真意がつかめず、どうしてかと聞くと彼女は言う。

「昨日私、突然神懸かりになってしまって。とてもしんどかったんです」

聞けば前日の夕方、Kさんの脳裏に、またひとつの言葉が降りてきた。

――話すことあたわず。

意味不明な言葉がいきなり降ってくるのは、「いづなごんげん」がそうだったように、彼女にとってはよくあること。何のことかと思ったものの深くは考えず、Kさんはその夜九時過ぎに床に就こうとした。

「そうしたら、口から言葉が溢れだしてきたんです」

意思とは関係なく、それは始まった。

――話すことあたわず。

言葉は次々と零れはじめた。

――話すことあたわず。話すことあたわず。

まるで泡立つかのように、勝手に口から迸る。

――話すことあたわず、話すことあたわず、話すことあたわず。

――あたわず。あたわず、あたわず。あたわず、あたわず、あたわず、あたわず、あたわず、あたわず、あたわず、あたわず、あたわず、あたわず、あたわず、あたあたあたわずあたわず。あたわずあたわずあたあたあたあたわずあたわずあたわずあたわずあたわずあたわずあたわずあたわずあたわずあたわずあたわずあたわずあたわずあたわずあたわずあたわず。

Kさんは床に倒れこみ、七転八倒した。延々と同じ言葉をくり返した。ようやく神懸かりが一段落すると、ネットで「あたわず」の意味を調べた。「話してはならない」ということらしいと知った。

この一件が私（幽木武彦）と関係しているらしいことも分かっていた。そこでKさんは、私に何かしていたのかと聞いてきたのである。

結論から言うと、どうやらそれは、私の近くにおわすご神仏の働きかけだったようだ。祭壇のご神仏に祈りを捧げる毎日を送る私は、その当時、師僧と仰ぐお坊様から、ある神様のお札を頂戴した。

そのことはKさんにも話していたが、彼女はそれを忘れていた。しかし話の流れでその神様が話題にのぼると、Kさんは「あ……」と絶句した。

「分かりました。○○様（その神様の名前）です。○○様が、先生にあれこれ語りすぎるなと私におっしゃったんです。間違いありません」

Kさんにしては珍しいそれまでのパニックぶりが嘘だったように、いつもの冷静さを取りもどして彼女は言った。

「なるほど、そういうことだったんですね。私は先生に、あまりにもいろいろとしゃべりすぎたようです」

そうも言った。

そして翌日、Kさんは忽然と姿を消した。私をフォローしてくれていたSNSのアカウントも、きれいさっぱりなくなっていた。

以来私は、Kさんと話をしていない。

どこでどうしているのかも知らない。

数年間、毎日のように語らった大切な友人を、あっけなく私は失った。

喪失感は、言葉では言いあらわせなかった。免疫力が一気に落ち、ひどい風邪を引いた。悪いことが、あれもこれもと次々に起きた。

だが、Kさんを失うことがご神仏の思し召しなのであれば、しかたのないことかも知れない。ご神仏を通じ、神秘の海へとともに航海を始めたKさんと私は、ご神仏によって、別々の岸辺へと離された。


これが、私とKさんが過ごした幻怪な日々のレポートだ。

信じるも信じないも、もちろんあなたの自由である。だがこれだけは言えると、今も私は確信している。

Kさんの神勢調査は、きっと今も続いている。

ホームタウン

さざ波

今から二十年ほど前。

渡辺さんは当時住んでいたアパートのダイニングキッチンで、午前中から買ったばかりのパソコンのセットアップ作業をしていた。

しかし、説明書通りに進めても何故か全然終わらない。

(こんなに難しかったっけ?)

そう思いながら四苦八苦していると、隣のリビングでラジオ代わりにつけていたテレビから、ニュース速報のアラートが流れた。

それから程なくして、報道特別番組のようなものが始まったようだった。

(なんか大変なことになってるわね)

そう思いながらも、セットアップに集中していたので殆ど聞き流していた。

結局作業は日が暮れるまで掛かってしまった。

終わった途端、面倒な作業を終わらせた達成感と同時に、昼から何も食べていない故の猛烈な空腹感に襲われた。

そこから買い物に出て支度を始めたのだが、結局リビングで夕飯にありつけたのは、夜十時をまわった頃だった。

すると、テレビでは昼の報道特別番組がまだやっていた。

「あれ？　これまだやってるの？　再放送？」

しかし、見ると画面の右上には『ＬＩＶＥ』のテロップがあり、それが今、生放送で流れていることが分かった。

ちょうどワールドトレードセンターに、二機目の旅客機が激突するところだった（※アメリカ同時多発テロ事件発生は日本時間で午後九時四十五分頃）。


私は、このお話をとある座談会で披露したことがあるのだが、その時のお客様の中にも、二〇〇一年のあの日、同じような体験をした方がいらっしゃった。

当時沖縄の大学に通っていたその方は、学校をサボって昼間に部屋のテレビであのニュースを見たそうで、翌日基地周りの警備がとても厳重になっていたのが凄く印象に残っているそうだ。

もしかすると大きな災害や事件の前に、人はさざ波のような予兆を感じることがあるのかもしれない。

深夜の訪問者

兵庫県の国道沿いでラーメン屋を営む、親しみやすい雰囲気のお母さん。
元々はご両親と旦那さんの四人で切り盛りしていたが、「もう年寄りだからみんな死んじゃって。今は一人で寂しくやってるのよ」と笑いながら、不思議な経験談を話してくれた。

ある晩。
店舗二階にある寝室で寝ていると、店の入り口を叩く音で目が覚めた。
深夜の訪問者。
全く見当がつかない。
恐る恐る階段を下りて入り口を見ると、ガラス戸の向こうにお地蔵さんが立っていた。
「それがね、不思議と怖いとは思わなかったの」
世代柄、信心深かったこともあって、良く見てみようと近づく。
灰色の石で出来たお地蔵さん、大きさは自分と同じ位だろうか。
昔話の『笠地蔵』を思い出した。
ガラス戸に手をかけて開けようとする――そこで目が覚めた。

「多分夢だったのよね。でも物凄く現実みたいで――」

時計を見ると、朝の仕入れに行く時間だった。


市場へは毎朝車で仕入れに向かう。

いつもの道、目の前を大量の砂利を積んだ大きなダンプカーが走っていた。

何となくその荷台を見ていたら、昨夜のお地蔵さんを思い出したそうだ。

「砂利の色が、お地蔵さんの色と全く同じだったのよ」

その瞬間、得も言われぬ嫌な予感がして、ブレーキを踏んで少し広めに車間距離をとった。

――ガガガガガガガガガガッ
交差点で停車したダンプカーの荷台がけたたましい音と共に上がって行き、物凄い勢いで砂利が道を塞いだ。

「幸い車間距離のおかげで無事に済んだけど、あの時ブレーキを踏んでなかったら――」

死んでたわね。

お母さんは笑いながらそう言った。

夕暮怪雨

カラスの来訪

美絵子さんは学生時代、地元のオフィスビルで働いていた。オフィスビルの下は商業施設で、彼女が働く店は地下にあるアパレル店だった。そこは複数の店舗が連なっている。

この地下フロアには不思議な噂があった。

「カラスに入店された店舗は、その後潰れる」

そんな滑稽な話だ。初めてその話を店長から聞いた時は、思わず笑ってしまったそうだ。まるで学校で聞くような子供染みた噂。ネズミや虫ならまだしも、カラスがオフィスビルに、ましてや地下フロアに現れる想像はできない。

けれどある日、ちょっとした騒ぎが起きた。美絵子さんの働くフロアに、カラスが紛れ込んだのだ。彼女は驚いた。一体どうやってここまで入ってきたのか？

地下へ辿り着くには、ビルの一階と繋がる階段を下りなければならない。そこにはガラス製の両扉もあり、カラスだけで入ってくることは不可能だ。もしや扉を開けた人間に紛れ、偶然カラスが入ってきたのか？

地下街の通路を真っ黒なカラスが何かを訴えるよう、鳴き騒ぎながら飛び交う。近くから見るとかなり大きく、通路を歩いていた客は慌てふためき逃げていた。

嘴や爪で襲われるのを恐れている。その現場を見ている美絵子さんも、通行人と同じ気持ちだ。フロアで展開する他店舗の販売員達も外へ出てきた。噂を知る者たちは皆、心配そうにしている。

カラスはまるで目的地を探すよう、四方八方飛び回る。そして彼女の働く店に飛び込み、突然床に座り込んだ。ピクリとも動かない。以前から噂を知る店長は、青ざめて立ちすくむ。美絵子さんはその光景を、唖然として眺めていた。

しばらくするとカラスはフロアの出口へ向かい、何事もなかったように飛び立っていった。何とも信じられぬ光景だ。

その出来事からすぐ、職場の閉店を知らされた。

彼女は戸惑いつつ、店長に理由を尋ねる。「偶然かもしれないが、親会社の倒産だ」と困惑した答えのみが返ってきた。

(どうせ迷信よ)

美絵子さんには、その出来事が信じられなかったそうだ。地元を離れ、だいぶ時が過ぎ去ったある日。実家の母から連絡が来た。

「あんたが昔働いていた地下のフロアのお店、全部潰れたらしいよ」

そんな報告だった。原因はオフィスビルの解体によるものだ。古いビルだ、特に驚きはない。ただ解体が決まる少し前、地下フロアにカラスの集団が現れ、大騒ぎになった。そんな話を母から耳にした。

美絵子さんの頭に、当時のあの噂が浮かんだ。今その場所には、新たな商業施設が立っている。けれどカラスが侵入したという話は、一度も聞いていない。

消失

安辺さんは、とある事故で右腕を失った。その事故が起こる前日、彼の右腕に不可思議な現象が起きた。

その日の朝、いつも通り安辺さんはベッドから起き上がった。眠い目を擦り、洗面所へ向かう。そしてドアノブを回す時、異変に気づいた。

右肘から下が消えている。けれど触覚は残っていた。

（夢でも見ているのか？）

気が動転しながらも、洗面所にある鏡の前に立つ。おもむろに手を挙げるが、Tシャツから出ているはずの右腕が鏡に映らない。後ろの背景も見えている。動揺した彼は大声で両親を呼んだ。

両親は何事かと飛び起き、安辺さんの元へ集まる。

「右腕が消えている。見てくれよ！」

「朝っぱらからおかしな事言うな！　しっかり生えてるだろ。漫画じゃあるまいし」

彼の父は呆れ返り叱責する。母も寝ぼけているのだと相手にしてくれない。右腕だけまるで消しゴムで消されたようだ。

信用せぬ家族をよそに、安辺さんは脳に異変が起きたのかと不安になる。そして急いでタクシーに乗り、病院へ向かった。けれど結果は異常なし。当然だ。安辺さん以外、右腕は見えているからだ。医師や看護師も怪訝そうな表情で彼を診察していた。

結局原因も分からぬまま自宅に戻り、不安な夜を過ごした。翌日目が覚め、ベッドの上で恐る恐る確認する。そこには元の右腕があった。しっかりと見える。

何かに化かされていたのか？　両親に伝えるが、相手にもされない。

納得がいかぬまま、職場へ向かうことにしたその日の午後。安辺さんは右肘から下を失うことになる。職場にある機械での巻き込み事故だ。彼は工場勤務だった。

あの日起きた不可解な現象は、自分の右腕の行く末を暗示していたものだったのでは？　今更ながらそう思うと、安辺さんは話した。

死に場所

　将紀さんは商社で営業マンとして働いている。当初の勤務先は本社がある、地元神奈川だった。けれどある理由で異動を願い出た。今はその願いが叶い、遠く離れた福岡の営業所で勤務している。

　妻と子供を神奈川に残して単身赴任。寂しい日もあるが自分が希望したことだ、後悔はない。神奈川へ戻らず、頻繁に家族をこちらへ呼んでいる。

　将紀さんは本社へ絶対に戻らない。いや、絶対に戻りたくない理由があった。それは二十年ほど前。当時将紀さんは会社に入り、メキメキと頭角を表していた。精神的にもタフでストレスをものともしない。上司に気に入られ、同期達を追い抜き役職も上がっていく。妻と出会い、結婚して子供も生まれた。全てが順風満帆だった。

　そんなある日の朝、珍しく営業先でなく会社へ直行した。駅から歩き、自社ビルのある方向へ向かう。目前にビルが見える。視線を上げると、屋上に人が立っているのが見えた。（ビルメンテナンスの業者か？）将紀さんは特に気にすることなく近づいていく。ただすぐにそれは業者でないことが分かった。顔は遠くて見えぬが、スーツを着ている男のようだ。白髪混じりの中年、見るからにくたびれた雰囲気を漂わせている。

屋上の端で風に煽られ、立ち尽くしている。フェンスの外、尋常でない状況だ。今にも真下へ向かい、飛び込みそうだ。

「早まるな！」

将紀さんは上に向かい、大声で叫ぶ。その声を聞き、通行人も何事かと立ち止まる。けれど皆、将紀さんの顔を凝視するだけ。そのうち怪訝な表情を作り、距離を置きはじめた。

「身投げしようとする人がいるのだぞ」

周囲の冷ややかさに怒りに混じった言葉を吐露した。すると屋上に立つスーツの男は、迷いなく下へ飛び降りた。まるで将紀さんをめがけるように。そして頭上に勢いよく落ちてくる。

（ぶつかる！）

彼は顔をあげた。ほんの短い間、落下する男の姿を見つめる。目に映る映像がスローモーションに感じた。そして男とゆっくり、ゆっくりと目が合う。彼は唖然とする。それは見慣れた自分の顔だからだ。ただ少しだけ違う。歳を重ね、白髪混じりの絶望した表情。それが目に焼きつく。落ちてきた身体は地面にぶつかると、音も立てず消えてしまった。

ただ目の錯覚ではない。将紀さんには理解できた。それが〝自分の死に場所〟だと。

何故自分が勤めているビルの屋上から、飛び降りたのか？　理由は分からない。その出来事からすぐ、将紀さんは上司に異動願いをした。出世コースを捨てて。

とにかくこの場所から離れれば、死を免れる気がしたからだ。幸いにも希望はすぐに通り、本社から一番距離のある福岡営業所に配属された。そして今に至る……はずだった。

先日、異動の通知を彼は受けた。二十年ぶり、神奈川にある本社だ。妻や子供は泣いて喜んでくれたそうだ。ただ将紀さんだけは違う。

「自分の死に場所へ戻ることが決まりました」

彼は白髪混じりの姿、そして怯えた表情で話した。

祭壇の写真

亜由美さんは一度だけ、人の死を予見した。祖母が亡くなった時だ。それは彼女が社会人になってすぐのこと。亜由美さんは家を離れ、1人で暮らしていた。毎日仕事に追われ、ベッドに入る。そして目が覚めると朝が来る。そんな毎日を過ごしていた。

ある日、彼女は珍しく夢を見た。今でもその夢ははっきり覚えている。目の前には葬儀の祭壇のようなものがある。明晰夢などではない、ただ無意識に映像が映るだけ。周囲には誰もいない。祭壇の中心には額が飾られている。気づけば亜由美さんは、そちらに視線を向けていた。

額の中は祖母の写真が入っている。ふと写真と目が合う。まるで実際に祖母と目が合ったような感覚に襲われる。そこで目が覚めたそうだ。彼女は動揺した。それもそうだ。夢とはいえ、身内の葬儀の場面。気分も悪くなる。加えて、普段夢を見ることなど全く無い。非常に印象深く、薄気味悪い夢だった。

（どうせ偶然だろう）

亜由美さんは決めつける。しかしその日の夕方、何の連絡もなしに祖母が尋ねてきた。遠く離れた場所からわざわざ。亜由美さんは驚き喜ぶが、祖母は彼女と顔を合わせるなりこう言った。

「あなたと目が合ったから」

その顔は何かを悟った表情だ。ほんの短い間ではあるが、二人で答え合わせをするように語り合う。祖母も夢を見た。祭壇の上から彼女と目が合う不思議な夢。亜由美さんはその時、「祖母と同じ夢の中にいたのだ」と理解した。そして祖母は納得した表情で、自宅へ帰って行った。

その数ヶ月後、祖母は病気を患い亡くなる。亜由美さんの頭に、あの夢の内容が過った。それを母に伝えると「気のせいよ」と呆れられたそうだ。亜由美さんもそう自分に言い聞かせるようにした。

月日が流れ、つい先日、珍しく夢を見た。それは自分が祭壇の上から母を眺める夢。母と目が合い、夢が覚めた。その後すぐに母から連絡が来た。

「祭壇の夢を見た、そして写真のあなたと目が合ったのよ」

不思議そうに話していたそうだ。

「母と同じ夢の中にいたようです、あの時と同じように」

亜由美さんは、自分の不安に塗れた行く末を案じている。

地獄行

遠藤さんはとても温厚な人格で、周囲からも愛され頼られた。妻と子供を大切にし、皆が羨む憧れの家庭を築いている。

そんな彼は数年前、急な病で倒れた。毎日健康的な生活を送るようにしていたが、突然自宅で意識を失ってしまった。その病状は数ヶ月ほど続く。医師にも見放され、このまま意識は戻らないと断言された。家族も突然のことで驚き悲しみに暮れる。彼にはそんな現状は分からない。意識なくベッドに横たわるだけの日々。

けれど彼は、その数ヶ月の記憶をはっきりと覚えているという。家族が見守る現実での記憶ではない。けれど決して夢でもない。

彼は「私は地獄へ行っていたのです」と話した。

そこは燃え盛る炎に包まれ、悲鳴奇声をあげる者達で溢れていた。肢体を串刺しにされ、早く楽にせよと懇願する者もいる。目に入る全てがのたうち周り、苦しんでいた。その場にいる遠藤さん自身もだ。想像を絶する程の痛みを味わい、延々ともがき苦しんだ。

どれほど苦しんだろうか？　時間の感覚さえ失っていた。すると急に身体の痛みが消えた。異変に気付いたのか、周囲にいた者達は叫び、遠藤さんに追い縋るよう近づく。目が覚めた瞬間、そこには家族の安堵の表情が見えた。

その時、「戻って来ることができた」と生きている喜びを噛み締めた。それから遠藤さんは懸命にリハビリを続け、仕事に復帰する。周囲もその回復力に驚いたそうだ。

それからだいぶ年月が過ぎた。今は妻と平穏な余生を過ごしている。けれど彼の表情は沈んだままだ。

「私は大きな罪を犯しました。いつか完全な死により、あの場所へ戻ります。あの時に見た光景は私への予告……それを確信しているのです」

遠藤さんは両耳を押さえ、怯えながら話す。歳を重ね死が近づくにつれ、あの追い縋る者達の声が聞こえ始めた。遠藤さんの名を叫んでいる。ただ彼は自分がどんな罪を犯したのか、決して答えてくれない。

結婚相手

「馬鹿な話と思って聞いて頂けたら……」

健太さんは申し訳なさそうに話した。彼は高校生の頃、都市伝説や怪談が大好きな少年だった。こっくりさん、ひとりかくれんぼ。とにかくオカルトな遊びを、全て試したそうだ。

けれど思ったような結果には至らない。

（やっぱり怪異なんて、そうそう体験できないのか）

オカルトに対する情熱も段々と冷めていく。

そんな思春期の真っただ中。健太さんも徐々に異性に興味を持ち、あんなに大好きだったオカルトはそっちのけで、楽器を手にロックバンドを始めた。

けれど男子校のためモテるチャンスもなく、それどころか女子と話す機会も一切ない。不安になる。もはや結婚どころか、彼女さえ作る自信もなくなった。

そんなある日、怪談でよく聞く、〈未来の結婚相手を知る方法〉を思い出した。

「真夜中の〇時、口に剃刀（かみそり）を咥えて、水を溜めた洗面器を覗き込む」

そうすると未来の結婚相手の顔が映る。オカルト好きなら一度は聞いたことがあるだろう都市伝説だ。実際、彼が子供の頃、クラスで話題になった。

(今時、小学生でも信じないよな……)

健太さんは馬鹿らしいと思いつつも将来の不安が勝り、気づけば夜中の風呂場で、口に剃刀を咥え、洗面器に水を溜めていた。

張った水はユラユラと揺れ、自分の顔さえはっきり見えない。

(所詮迷信だ)

○時まで待つこともない。自らの幼稚さに呆れて部屋へ戻ろうとすると、洗面器に何かが映った。思わず首を伸ばす。そこには見たこともない、女性の顔がはっきり見えたのだ。

ただ、明らかに自分の好みではない。むしろ正反対と言っていい、純和風のおとなしそうな女性の顔だった。健太さんは驚きのあまり、反射的に風呂場を後にしていた。

部屋に戻る途中、ふと冷静になりもう一度風呂場に戻ってみる。しかし、洗面器の水にはもう何も映っていない。だが、確かに自分は見たのだ。

(……あの人が未来の結婚相手なのか?)

ちっとも好みではない女性だ。到底信じられない。いや、信じたくもない。自分の好みは外見の派手な、如何にもギャルな女性だ。あんなに地味で大人しそうな人が、運命の相手なはずがない！　そう心に決めつける。

けれども確かに見た純和風のあの顔は、鮮明に記憶に焼きついていた。

ぼんやりとした不安を抱えたまま数年が経ち、彼は理想の外見の女性と出会った。濃いメイクの派手な顔立ち。健太さんは猛烈にアタックし、何とか交際までこぎつけた。ただ彼女は頑(かたく)なに、健太さんに素顔を見せようとしない。それは泊まりがけでも。

「すっぴんになると、別人に変わるから恥ずかしいの……」

そう冗談混じりに彼女は話していた。

交際は順調に続き、結婚を決意して同棲が始まる。そこでやっと彼女のすっぴんを目にする機会を得た。まさに純和風の顔立ち。健太さんは驚いた。その素顔は、あの洗面器に映った顔と瓜二つだったからだ。

健太さんはあの日の出来事が誠だと信じている。そして二重に騙されたような気分になっている。ただ今でも二人は、仲睦まじく暮らしている。

西浦和也

懐中時計

今から七十年ほど前、清士さんが中学校に通っていた頃の話。

「当時うちの親父はN県辺りで、七軒ほど映画館をやっていてね……」

戦争が終わって数年ほど経った頃、まだ娯楽がほとんどなかった頃は演劇や映画が、娯楽の中心であった。しかし東京や大阪など大きな街でなければ、めったに演劇など見る機会がない。少年時代の清士さんが住んでいた地方では、映画が唯一の娯楽と言えた。

おかげで映画館の業績は好調で、彼の家はかなり羽振りが良かったという。とはいえ父親は「飲む・打つ・買う」が揃った典型的な昔の遊び人で、収入の大半を酒や博打や女遊びに使ってしまい、家計には遊びで残ったお金しか入れてくれなかったという。

清士さんの住んでいた場所は、空襲のなかった海沿いの町だったこともあり、魚は豊富だったし、少し山沿いに足を延ばせば自前の田んぼや畑もあるため、食べるものに困ることはなかった。

またなぜか、父親は勉学には理解があったので、清士さんが学校で使う鉛筆やノートなど文房具の類は、戦後の物不足の中、どこで見つけてきたのかわからないが、頼めばいつも新品を用意してくれた。

「清士くんはいつも新しい鉛筆とかノートを買ってもらっていいよなぁ」

級友は彼の持ち物を見ると、決まってそう羨ましがった。

けれども、今で言う小遣いのようなものはほとんどもらえず、母親や自分を含めた兄弟たちの食事は父親に比べ質素であり、周りが言うほど、裕福だとは感じなかったという。

地方とはいえ、映画館を複数経営する父親は羽振りがよく、自分の背広や帽子はいつも大きな町の専門店まで行って頼んだ特注品。いつもパリッと洗濯糊がきいたシャツに、茶色のジャガード織りのネクタイ、銀のタバコ入れ、大きな宝石の入ったカフス、それに自慢のコレクションだった懐中時計を日替わりで持ち歩いていた。

最近のお気に入りは、東京銀座で購入したという少し小ぶりの懐中時計で、父親の話によると18金製で、かなり値段も張ったのだという。

その頃の清士さんは機械いじりが趣味で、勉強の合間に自ら部品を集め、鉱石ラジオを作ったり、自宅の自転車や壊れた映写機をいじったりしていた。

「この懐中時計、なかなかいい音がするんだよな……」

夕食の際、ひとり酒を飲んでいた父親はそう言って、清士さんたちに、ワイシャツの胸ポケットから自慢げに懐中時計を取り出した。

金色に光り輝くそれは、文字盤のガラスを保護するための蓋があり、その蓋の上や時計の裏側には、円をいくつも合わせたような細かい幾何学模様の細工がついている。淡く白い光沢を放つ陶器製だという文字盤の周囲には、1時から12時までを表すギリシャ数字がぐるりと並んでいる。文字盤の右横、3時のあたりにある小さな円の中心から延びる小さな秒針が滑らかに回転して、せわしなく時を刻んでいる。

今まではそれほど父親の持ち物に興味がなかった清士さんだったが、身を乗り出して思わず「お父さん、それちょっと僕に持たせてよ」と言った。

「だめだめ、高かったんだぞ。大事な時計に、傷なんかつけられちゃたまらん」

と、父親はそそくさと懐中時計を胸のポケットにしまいこんだ。そして夕食の時間はそのまま過ぎ去った。

父親の懐中時計はいくつか見せられたことがあったが、これほどまでに綺麗で精巧なものは初めてだった。自分の手にとって見せてもらいたかったが、あっさり父親に断られてしまった。

その時、清士さんの中にモヤモヤとした黒い気持ちが渦巻いたという。

「お〜い。ちょっと街まで行ってくるから、今夜の夕食はいらんぞ」

ある日父親はそう母に告げると、近くの飲み屋の女の子たちとともに運転手の待つ車に乗り込んで出かけて行ってしまった。

父親が女連れで街に遊びに出ること自体は、家族にとっても日常茶飯事だが、この日、唯一違っていたのは、父親が洋装ではなく珍しく着物姿で出かけたことだった。

清士さんは思った。

（お父さんは着るものに合わせて、持ち物を変えるから、今日持っていったのはきっと着物と帯に合わせたいぶし銀の懐中時計に違いない。それなら……）

清士さんは、そっと父親の部屋の襖を開けて中に忍び込むと、父親が小物をしまっている、箪笥の一番上の引き出しを開けてみた。

引き出しの中にはいくつものカフスやタバコ入れが収まっており、その隣のボール紙で仕切られた場所に何本もの懐中時計が並んでいた。その中でひときわ目を引く、金色に光る蓋。

（あった！）

初めて見た時から手にしたいと願っていたあの懐中時計だ。清士さんはすかさずそれを手に取ると、引き出しを閉めた。忍び込んできたとき以上に、誰にも見つからないよう気をつけながら自分の部屋にそれを持ち帰った。

自室に戻った清士さんは、懐中時計をハンカチに包み、机の引き出しの奥に隠した。

ほどなくして、母から「夕飯の準備ができたので食べましょう」と声がかり、兄弟たちと居間で食べることにした。

「お父ちゃん、今日は遅くなるの？」

二歳年下の弟が母親に尋ねる。

「今日の感じだと、帰るのは明日の朝になりそうね……」

「なぁんだ、またおあずけかぁ」

数日前、父親とキャッチボールの約束をしていた弟が残念そうにつぶやいた。

食事が終わり、清士さんは自分の部屋に戻ると、すぐにあの懐中時計を取り出して、机の上のライトの光にかざした。

相変わらず美しく、落ち着いた金色の輝きが自分の目の前にある。

蓋を開けて文字盤を眺めたり、時計をひっくり返して裏側の細工模様を穴が開くほどまじまじと観察したり、見飽きることがない。

（いいよな～。俺も大人になったらこんなのが欲しいな）

そう思いながら眺めているうち、ふと「この時計の作りはどうなっているのだろう」という疑問が頭の中に湧きたってきた。

清士さんには一度、家の柱にかかっている時計を分解して直した経験がある。同じ時計というカテゴリなのだし、おそらく造りとしては大きな違いはないはずだ。

机の引き出しから自分のドライバーなど工具を取り出すと、懐中時計の裏蓋を開けることにした。とはいえ、傷をつけてしまっては、部屋から持ち出したのがバレてしまう。机の上にハンカチを敷き、ガラスと時計の隙間にドライバーを入れると、テコの原理で持ち上げた。するとと驚くほどあっさりとガラスは外れ、文字盤がむき出しとなった。慎重に針と文字盤を外すと、中のムーブメントが外れる。ムーブメントでは、せわしなくテンプが動いている。

家の時計でやった時のように、ゼンマイを外し、動かなくなったテンプを抜いた。

そしてピンセットでいくつかの歯車を抜いていったが、自分が見たこともない形の歯車がいくつも出てくる。分解した順番が分からなくならないように、一つ一つノートに書き留めながら分解していった。

「兄ちゃん、明日キャッチボールしてくれる？」

突然部屋の襖の開き、弟が入ってきた。慌てて机の上の時計にハンカチをかぶせる。

「あのさ、明日学校から帰ったら、キャッチボールしてくれる？」

突然の訪問に驚きながらも、

「分かった、分かったから。兄ちゃん今忙しいんだよ……」

と答えつつ、近寄ろうとする弟の肩を押さえて部屋から出て行くように促した。

「約束だからね！」

そう言い残して弟が部屋から出ていくと、清士さんはほっと胸を撫で下ろして、机の上のハンカチをめくった。ところが、分解した部品が引っかかっていたのか、ハンカチをめくったはずみで、部品のいくつかが床にこぼれ落ちてしまう。

（わあ〜っ！）

絶叫を飲み込み、慌ててこぼれた部品を拾い上げた。

ノートのメモに従って机の上に部品を並べ直してみたが、弟の訪問で記憶がすっ飛んでしまったせいなのか、どの部品がどんな順番ではまっていたのかわからなくなってしまっていた。

加えて、メモの記載と比べてもいくつかの部品がなくなっている。

なめるように床を探し、畳のすき間もほじくり出してようやくいくつかの部品を見つけたが、それでも今あるメモと記憶だけでは、自力で直すのは難しかった。

（まずい。お父さんにバレたら絞られちゃうぞ。何とかしないと……）

清士さんはバラバラになった懐中時計をハンカチに包むと、そっと部屋を出た。

時刻は午後八時を過ぎていた。

当時は今と違って、日没後ともなると商家も店を閉めて、人通りはぱったり途絶えて少なくなる。夕飯時を過ぎればどこの家も雨戸を閉めるため、周りの家の明かりも漏れてこず、街灯もほとんど設置されていない夜の往来はほとんど漆黒の闇になる。

清士さんは闇に隠れるように家の裏庭に出て、園芸用に置いてあるシャベルを片手に、庭の奥へ向かった。

そこには父親が勧進してきた、商売繁盛の小さなお稲荷様の祠がある。

清士さんはその裏側に回り込むとシャベルで穴を掘り始めた。深さ三十センチほど掘ると、穴の中にハンカチで包んだバラバラのままの懐中時計を埋め、上から分からないように土を埋め戻した。

(知らないって言えば、多分バレないよな……)

複雑すぎる懐中時計の機構にお手上げとなった清士さんは、懐中時計を父親に返すことも修理することも、正直に父に話すことも諦めて、穴の中に隠すことにしたのだ。

部屋に戻ると、すぐに布団を敷き頭から潜り込んだ。

その夜は、心臓がドキドキしてなかなか眠ることができなかったという。


「誰か、俺の懐中時計知らないか?」

翌日学校から戻ると、家の横にある映画館の中で父親が怒鳴っている。

そばにいる従業員たちは皆、知らないと首を振る。

「確かに箪笥の中にしまったんだ!」

そう叫びながら、映画館中歩き回る。

「おう、お前も俺の懐中時計知らないか?」

父親が清士さんの顔を見る。

「知らないよ……」

清士さんが小さく首を振ると、父親は「そうか」と言って映画館の事務室へと入っていった。

「きっと空き巣が入って盗んでいったに違いない。あの時計を狙ってたんだろうな。どっか質屋とかに売られてしまう前に見つけないと……」

夕食の際、父親が悔しそうに言った。

「隣町にある拝み屋さんに見てもらったらどうですか？　予知やら予言やら、結構当たるんだそうですよ。もしかしたら、盗んで行った人がわかるかもしれませんね？」

母親がそう返すと、

「じゃあ、明日にでも呼んでくれ……」父親の言葉に、母親はこくりと頷いた。


拝み屋が来たのは、それから三日後のことだった。

清士さんは、その日は急いで学校から帰るようにと父親に言いつけられていた。家に帰ると兄弟たちと一緒に父親の後ろに並んで、拝み屋の到着を待った。

隣町まで迎えに行かせた車から降り立ったのは、年の頃四十過ぎの、かなりふくよかな女性だった。

拝み屋と言うからには、どんな怪しげな人物が来るのかと思ったが、青い着物をワンピース風に仕立て直した更生服に身を包んだその女性は、清士さんにはただのおばさんにしか見えなかった。

車を降りると女性は、玄関先の父親にニコニコと会釈をしながら話し始めた。

「立川と申します。今日はお呼びいただきありがとうございます。何か失くされたとのことですが……」

「実は、懐中時計が盗まれたようで……。どこかに売られてしまう前にどうしても見つけて、取り戻したいんです……」

父親が話し終えるか終えないかのタイミングで、立川という拝み屋は、

「おそらくお家にあるような気がしますよ。お家の中を見せてもらえますか？」

映画館ではなく、隣接する清士さんたちの自宅玄関に向かって行く。

その様子を見ていた清士さんは「まさか本当に見つかるのか」と気が気ではなかった。

「ここではないですね」

玄関から入口の土間に立ってそう言うと家の外に出て、外壁沿いに進むと裏の勝手口からや台所に入り土間のかまどの付近をぐるりと見回す。

「ちょっと失礼しますね」と、立川さんは台所から家の中に上がりこんだ。

その後は父親とともに、父親の部屋や母親の部屋、弟たちの部屋をドスドスと足音を立てて見て回った立川さんはどの部屋でも「ないですね」というばかりだった。

最後にたどり着いたのは、清士さんの部屋だ。

今までの部屋と同様、床や天井をぐるりと見渡し、ふと机に目を止めた立川さんは、清士さんだけに聞こえるような小さな声で「なるほど」とつぶやいた。

それから立川さんは父親に「ちょっとこちらへ……」と声をかけると二人で廊下の方へ出て行ってしまった。

(ここにバレるような証拠なんてあったかな？　二人で何を話してるんだろう？)

明らかに他の部屋と違う立川さんの様子に、部屋に残された清士さんは落ち着かない気分になった。

しばらくして廊下でドスドスという足音が聞こえたかと思うと、そのまま立川さんは家を後にして行ったようだ。

「お父さん。拝み屋さん、なんて言ってたの？」

立川さんがいなくなってから、清士さんは恐る恐る父親に尋ねると、

「一通り見せてもらったので、後で電話するってよ」という答えが返った。

(なんだ。バレてなかったんだ)

父親の返事を聞いて、正直清士さんはホッとしたという。

ところが翌日、学校から戻ると、怒りをあらわにしたすごい形相の父親が待っていた。

「おい、お前の仕業か？　一体どういうつもりだ！」

父親は清士さんのえり首を掴むと、靴もそのままに、無理やり玄関に上げると、父親の部屋へと引きずるように連れ込まれた。

父親の机の上には、バラバラになった懐中時計の部品が並べてある。

（どうしてここに……？）

清士さんはびっくりして、何も言えなかった。

「お前がやったのか！」

バラバラになった懐中時計の下には、それを埋める時に包んだ、自分のハンカチが敷いてある。言い逃れはできなかった。

「前に尋ねた時に何で嘘なんかついたんだ！」

父親は、ここ最近聞いたことのないような大声で、清士さんを叱りつけると、握ったこぶしで頭をゴツンと叩いた。

痛みと共に目に赤い光がチカッと走り、清士さんは頭を両手で押さえた。

父親は椅子にドカッと腰を下ろすと、

「今日の朝、立川さんから連絡があってな。『まもなく見つかります。お稲荷さんが隠したのだと思います。お稲荷さんの周りを探してみてください。多分そこから出てくるでしょう』って連絡があったんだ。まさかこのご時世、お稲荷さんがそんなことするわけないと思ったんだが、もしやと思って、庭の祠の周りを掘ってみたら、これが出てきた。しかもお前のハンカチに包まれて……。これやったのお前だな？」

「ごめんなさい……」

清士さんは、それ以上何も言うことができず、立ったまま涙を流した。

「おそらく立川さんは、お前がやったんだと気づいたんだろうけど、そう言っちゃかわいそうだから、お稲荷さんのせいにしたんだろうな。それにしても余計なことして……」

そう言って父親は少し笑ったような顔をした。清士さんは、部屋の中でただ頭を垂れたまま、立っているしかなかった。

懐中時計は後日父親が銀座のお店へ持って行き、修理を頼んだ。

その際にいくつか足りない部品もあったとのことで、部品を取り寄せるのに時間がかかり、修理には一年ほどかかったが、無事に父親の手に戻ってきた。

父親は小包で届いたそれを嬉しそうに取り出すと、背広の胸ポケットへ入れ「もう余計なことするんじゃないぞ」と清士さんをジロッと睨んだ。

「その時、むちゃくちゃ恥ずかしかったの覚えてるよ……」

そう言って清士さんは、父親の形見の金の懐中時計を見せてくれた。

虫の知らせ

「おいおい、こりゃ一体何だ？」

当時、北海道のH市に住んでいた高広さんは金曜日、仕事から社宅に戻ると、玄関先にうずたかく積まれた箱の山を見て、思わず大きな声をあげた。

箱に書かれた商品名を確認すると、「ミネラルウォーター2リットル×6本入」と書いてある。かなり大きなダンボール箱だ。それが五箱も置いてある。

「普段あんまり飲まないのに、なんでこんなに買ったんだ？ 安売りでもしてたのか？」と、キッチンに向かって声をかけると、夕食の準備をしていた妻の真知子が、包丁の手を止めて振り向いた。

「なんかわかんないんだけど、今買わなきゃいけないって思っちゃったんだよね」

そう言って玄関の高広さんに向かって舌をペロッと出して笑った。

「わかんないって言いながら、こんなに買うのかよ……」

「ごめんなさーい」

高広さんは呆れた声で言うが、真知子は夕食の準備をしながらクスクスと笑った。

翌日の土曜日、高広さんが朝から書斎で急ぎの書類整理をしていると、キッチンでインターホンが鳴った。ついで真知子の応答する声がすると、玄関の方へ向かうスリッパの音が廊下に響いた。

「宅配業者でも来たのかな?」

一言二言何か会話が聞こえたかと思うと、続いて玄関にどさっ、どさっと何か大きなものがいくつも置かれた音がする。高広さんは、椅子から腰を上げると、書斎を出て玄関に向かった。

玄関に宅配業者はもういなかったが、そこには昨日と同様、いくつもの大きなダンボールが積まれている。箱の側面を見ると、缶詰やインスタントラーメンの名前が記されている。

「おいこれも頼んだのか?」

「ええ、なんだか買っておかなきゃいけないような気がして……」

水や缶詰などの食料ならば、金額的にも大したことはないが、昨日今日と続けざまに、これだけの荷物が届くと、置く場所に困ってしまう。

「悪いけどこのダンボール、少しあなたの書斎に置かせてね……」

真知子の言葉に高広さんは苦笑せざるを得なかった。

それから数日が経った二〇一一年三月十一日。東北沖でマグニチュード9を超える巨大地震が起きた。

当然H市も激しく揺れ、最大震度は6弱。沿岸には二メートルを超える津波も押し寄せ、余震は幾度となく続いた。東北ほどではないとはいえ、北海道内でもかなりの被害が出たため交通は麻痺、スーパーやコンビニは地震後数時間で棚の食料品は全てなくなった。

「たまたまとはいえ、数日前に水とか食料買っといて良かったわね……」

妻の真知子が地震で散らかった部屋を片付けながら、そう言った。

幸いなことに、高広さんの自宅では、家中のものが散乱する以上の被害はなかったが、それでも棚から落ちた食器が割れたりして、それらを掃除するのにまる二日ほどかかった。

しかし真知子の言葉通り、水や食料があったので、食べ物で苦労することはなかった。


「あっ、そうそう」

それから数年が経ったある日の夕食時、真知子が唐突に声をあげた。

「あなたの実家のお父さまとお母さま、この春にうちに遊びに来てもらわない？」

それまでの会話とまったくつながりのない話題に、高広さんは面喰らった。

「え、なんで？　四月になったばかりでこっちはまだ寒いし、呼ぶならせめてゴールデンウィーク明けの、暖かくなった頃ぐらいでいいんじゃないか？」

「そんな遅くじゃダメ！　すぐこっちに遊びに来てもらわなきゃ」

高広さんの意見を聞いた真知子は、頑として譲らない。

仕方なく高広さんが両親に電話すると、九州のK市で長年働いていた鉄工所を数年前に定年で退職し暇を持て余していた父親と、年中家にいる父親と代わり映えのしない毎日に飽きていた母親は、

「H市まで呼んでもらえて、観光をさせてもらえるなんてありがたい」

と大喜びで快諾してくれた。

その後大急ぎで飛行機チケットの手配をしたが、当然ながらゴールデンウィークの便は無理だった。奇跡的に空いていた四月十三日夕方の便のチケットを押さえられたので、高広さんはこの日に両親を北海道に呼ぶことにした。


当日十三日は空港まで出迎え、翌十四日は有給を取った高広さんと妻の真知子は、やってきた両親の観光に一日中付き合った。

特に父親は歴史が好きらしく、新選組終焉の地・五稜郭や函館奉行所、土方歳三記念館などを、持参したガイドブック片手に楽しそうに見て回った。

外食を終えて四人で自宅に戻ると、両親は自分と真知子を前に、今日一日の出来事を楽しそうに語り出した。

――ピロポンピロポン、ピロポンピロポン

その時リビングのテレビから、流れていたバラエティ番組の笑い声を遮るように、緊急地震速報のアラート音が鳴り響き、思わず皆の視線がテレビに向く。

画面には「【地震情報】二十一時二十六分頃、九州のK地方にて大きな地震がありました。念のため津波に注意してください」と表示されている。

高広さんが家族に視線を戻すと、テーブルの向かい側で両親が真っ青な顔をしている。

続いて画面上部に「震度7K市、震度5弱A市……」と速報の字幕が各地の被害状況を伝えるものに切り替わるころには、バラエティ番組は中断されて、緊張した面持ちのアナウンサーが慌ただしく地震情報を伝える、緊急番組が始まっていた。

「こっちに遊びに来なかったら、わしら地震にあってたな……」

父親が母親の顔を見ながらボソリと言った。

「よかった……。あの時、呼ばなきゃいけないって胸騒ぎがしたんだよね」

高広さんの隣に座っていた真知子が耳元でそう囁いた。

それから数年後のある日、真知子から突然「今すぐ電話して、暖房で使う予備の灯油を頼んでおいてね」と頼まれた。

北海道では冬の間、ボイラーでの暖房が欠かせない。戸建てであれば、燃料の灯油用大型タンクが家の外に設置されているのが一般的だ。一般家庭用のタンクであっても容量は五百リットル近くあるため、一度給油しておくとしばらくはもつ。

「なんでだよ？　こないだ……給油してから一週間も経ってないだろ？」

高広さんが疑問を口にすると、真知子は、

「発電機に回したら足りないでしょ」と即答した。

有無を言わせぬ真知子の様子に「妙なことを言うなぁ」と思いながら、高広さんはなじみのガソリンスタンドに灯油の追加手配をした。

翌日、北海道で震度七の大地震が発生した。

なんと発電所が地震被害で停止したため、北海道ほぼ全域が停電となった。

倉庫からひっぱり出した発電機を回すと、地震で散らかった荷物が床に散乱していた。「ね。灯油追加しといてよかったよね？」

明るくなった部屋で片付けをしながら、真知子はそう言って笑った。

そして現在。高広さんは東海沖地震が心配される地方に転勤となった。

幸いなことに、ついてきてくれた妻は、今はまだ何も言っていない。

住倉カオス

予言に関する体験二篇

胸の痛み

【予言】とは
「未来の物事を推測して言う事。また、その言葉。」（広辞苑第七版　岩波書店刊）と辞書にあるが、もちろん科学的な根拠のあるものや、統計で測れるものは予言とは呼べない。例えば天気などは〝予言〟ではなく〝予報〟である。

あくまで占いや宗教的な啓示など現在では無根拠とされるものが〝予言〟と呼ばれている。では予言とは全くのインチキでナンセンスなものであろうか？

ここで個人的な体験をいくつか挙げてみる。

二〇一〇年九月十一日。僕は東京駅から自宅まで向かうためタクシーに乗った。日付が明確なのは、そのタクシーのレシートにメモ書きして保存していたからである。

その車は個人タクシーであった。

運転手は女性。今はだいぶ増えたが、その頃は女性のタクシードライバーの方はまだ少なく、乗り込む時に一瞬「(あ、珍しいな……)」と思ったことを記憶している。年齢は五十代前半くらいの方だろうか? きちんと帽子をかぶり、緑色のジャケットにネクタイ。男性ドライバーと同じ格好だが、髪を後ろで結んでいる。

だが行き先を告げるとそのこともすぐ気にならなくなり、帰宅してからの予定などを考えていた。

だいぶ家が近づいてきた頃である。

「あいたたた……」

彼女が言った。

僕は少し驚いたのだが、状況が掴めず黙っていた。すると彼女がこう言った。

「すいません、お客さんが乗ってきてから、すごく心臓が痛いんですよ。お客さん、なんか心臓とか悪いところないですか?」

僕はいきなり言われたその言葉の意味が、とっさにはわからず混乱した。

「え?」

そう聞き返すのが精一杯だった。

「いやぁ、お客さんが乗ってきたときから、なんかギューッと心臓が痛くなってきて、あぁこの方は心臓が悪い方なんだって分かったんですよ」

同じことを言い直していたが、それでも理解しがたい台詞だった。

「え？　運転手さんそういうのがわかるんですか？」

思わずそう聞く僕に彼女は答えた。

「体の悪いお客さんが乗ってくると、私その同じ部分が痛くなるんですよ」

果たしてそんなことが本当にあるのだろうか？　それに僕にはその頃そういった自覚症状などなかった。

「それもっと詳しく聞かせてもらっていいですか？」

運転手さんの名前はかやさん（仮名）年齢は五十歳。関西の出身で二十年前に結婚で東京に来たのだが、三年で離婚したそうだ。

「こう見えて私、若い頃はモテたんですよぅ」

そういうかやさんは楽しげであった。

「若い頃はね、よく彼氏が出来ると六甲山にドライブに行ってたんですよ。私運転好きでね。六甲山に行くの好きで。あそこの展望台は眺めがすごく良くてね」

その日の午後も新しく出来た彼氏と一緒に彼女は六甲山にドライブに出かけたそうである。

「でもね、その日はドライブウェイの途中で天気が急に変わり始めたんですよ」

当時有料だったドライブウェイを走っていたところ、それまで晴れ間が広がっていたのに急に雨雲のような雲が広がり、辺りも夕方のように薄暗くなった。

そして車は急に灰色の霧の中に入ってしまった。

「本当に急に真っ暗になってね、完全に雲の中に入ったみたいで全く何も見えないから、ハザードつけて道の脇に停まったんですよ」

停まっている車の中で彼女は妙な胸騒ぎを感じていた。

「そしたらね、急にね、車に雷が落ちたんですよ！　ドーンバリバリっていう物凄い音がして。もう世界全体が真っ白になっちゃってね。そしたら体がビリビリビリーってしてね」

それから彼女は記憶を失い、どうやって家に帰ったのかも覚えてないそうだ。

「でもそれからなんですよ。人の身体の具合の悪いところがわかるようになったのは。今現在の悪いところだけじゃなく、これから悪くなるところもわかるようになったんですよ。それからその人の寿命もわかるようになっちゃったんです……。

あ、お客さん着きましたよ」

ちょうどこちらが身を乗り出して話に夢中になった頃にタイミングを図ったように車が目的地に到着した。

僕は財布から料金を払いながら聞いた。

「その彼氏の方はどうしたんですか？」

「さぁ、どうしましたっけね。私その頃モテたんで」

彼女は笑いながら答えたが、急に真顔になって僕にこう言った。

「お客さん、お願いですから病院に行って、きちんと検査してくださいね。お願いだから」

その切迫した表情に、僕はなんとも言えない心持ちがした。

翌年の二〇一一年十月、僕は心不全で緊急入院することになる。ハワイでの挙式を二日後に控えた時で、「もし飛行機に乗っていたら間違いなく死んでいた」と後に担当医師から言われた。

そのことは彼女の予言通りだったのか、単なる偶然なのか、今となっては確かめる術はない。

あのタクシーの中で、彼女には僕がいくつまで生きると視えたのだろうか？

腫瘍の文字

以前、拙著『百万人の恐い話　呪霊物件（竹書房刊）』にて田口さんという五十代の男性知人について書いたことがある。

田口さんはいわゆる「視える人」なのだが、幽霊が視えるというより「人の頭の上に、その人に関する文字が視える」のである。

例えばカフェで隣り合った女性の頭の上に「名古屋」という文字が視えた。

彼女に聞くと翌日に娘の結婚式で名古屋に行くという。

ある人の頭の上には「ロックボーカル」という文字が視えて、その人の趣味がわかったらしい。またある人には「不倫」という文字が視えて、その時には聞かなかったが、後になってその人が文字通り不倫をしていたことが発覚したそうだ。

ただしその文字が視えた時点で、その人はまだ不倫をしていなかった。

つまり不倫を予言したというのだ。

すべて初対面の人のことらしい。

田口さんは以前自動車メーカーで設計の仕事に携わっていた。

そしてテストドライバーも兼ねていた。

テストドライバーの仕事はその車の性能を確かめるため限界までスピードを上げることがある。

時にテストコースで時速二〇〇キロ以上で車を走らせる。

ハンドル操作を1ミリ間違えれば死に直結するその作業は驚異的な集中力を要求される。

そんな日々の中で田口さんはだんだんと人の頭の上に何かが視えてきて、そのうちにそれははっきりと文字として読めるようになったという。

僕は好奇心からその文字が、

「脳の中で視えてるような感じなのか？　それとも視覚的にはっきり視えているのか？」

と聞いたことがある。すると田口さんは、

「はっきり物として視えている。なんならフォント（文字の字体のデザイン）までわかる」というのだ。

話を聞いている僕に田口さんは突然不穏なことを言い始めた。

「カオスさん、言いにくいんだけど……。カオスのさんの頭の上に〝腫瘍〟って文字が視えるんだよ。すごく気になるから健康診断とか一度行ってくれない？」

それを聞いて僕は驚いた。

「えぇ？　腫瘍ってガンとかの病気の腫瘍ですか？」

田口さんはそうだと頷く。

「うん、何にもなければそれはそれでいいからさ。一度ちょっと病院とかで診てもらってみてよ」

田口さんの言う頭の上に視える文字も、果たして事実なのか僕自身は確証がなかったのだが、それでも自分に腫瘍があるかもしれないと思うと、落ち着かない日々が続いた。

それからしばらくして僕は健康診断に行く機会があった。

そのときは結局、僕の身体に腫瘍などは見つからなかった。

僕はホッとすると同時に

「（なんだ外れだったじゃん。これなら他の話もどうだったかわからないな……）」

と田口さんの予言に関して疑念が湧いたもののしばらくするとそのことを忘れてしまってい

た。

　そんなある日のことである。用事ができ、母と姉と実家で顔を突き合わせることになった。そしてお茶を飲んでいる時に、家族の昔話が始まった。母が昔、身体の調子がおかしくなったときがあり、婦人科の病院に行った。

「腫瘍がありますね。これは切らないといけないですね」

　検査後の医師が母にそう告げた。

　ショックを受けた彼女だったが
「(何か違う……)」

　そう感じ、一九七〇年当時にはまだ言葉はなかったが、セカンドオピニオンとして別の病院に行ってみた。

　そしてその病院では
「おめでたですね」

と意外なことを言われたそうである。

「それがアンタだったんよ」

　そんなことが本当にあるのかと思ったが、なにしろ五十年以上前のことだ。医療現場ではそういうミスもあったのかもしれない。

　が、腫瘍と言われたのを違うと感じたのは母親の直感のようなものであろうか?

いずれにしろ僕はそのおかげで切り取られずに済んだのである。

その時にふと思ったことがある。以前田口さんに言われたのはこのことではないのか？

つまり〝腫瘍〟というのは僕自身という意味ではないだろうか？

しばらくして田口さんに再会した時に、僕はこのことを話してみた。

すると田口さんは
「だからかぁ！　その腫瘍って文字、すごい古い昭和四十年頃の新聞の見出しみたいなフォントだったんですよ！」

と合点がいったような顔をしていた。

この話を人前でするときは、怪談というより笑い話としてすることが多い。

だが僕にしてみると当時は全く笑えなかった。

先日、田口さんに久々に再会する機会があった。その時に彼は少し声を潜めながらこう言ったのだった。

「カオスさん、また言いにくいんですが……。また頭の上に文字が視えています。今度は〝刑務所〟って視えますよ。カオスさん、気を付けてくださいね……。」

果たしてこの予言も笑い話になると良いのだが。

最期の顔

カオスさん。いつも怖く楽しく動画を拝見させていただいております。
（中略）
今回連絡差し上げたのは、祖母の話をさせていただきたいと思ったからです。
私は父方は福島、母方は宮城の出なのですが、今回は母方の祖母の話です。
私の祖母は私が子どもの頃に亡くなったのですが、未来が視える人でした。

僕が運営している動画サイト宛にこのようなメッセージがきたのは二〇一〇年のことだった。興味深く思ったぼくはこの加代子（仮名）さんと数度メールのやり取りをした後に電話も含めお祖母さんのことについて詳しく聞いた。

加代子さんは五十代後半の女性で福島県生まれ。子供の頃に両親が離婚して母方の実家のある宮城県に引っ越した。母親が働き始めたため、加代子さんはよく近所の祖母の住む実家に預けられた。

比較的円満な離婚だったのだろう。父もよく加代子さんにお土産を持って会いに来た。母が仕事の間に父が洋食など食べに連れて行ってくれ、夕方になると母と父と喫茶店でケーキを食べることなどもあった。だが父は決して祖母のいる実家には近づこうとしなかった。元妻の実家が気まずいというより、はっきりと祖母を嫌っていたようだった。

喫茶店で普通に会話している両親の様子を思い出すと、もしかして離婚の原因は祖母と父の関係だったのかもしれないと、今では思うという。

祖母の名はミツ。生まれたのはぎりぎり明治の明治四十四年（西暦一九一一年）。漁港の網元の娘だという。

ミツと夫とはミツが四十代の頃に死別しており、加代子さんは祖父の顔を知らない。

祖母は海育ちらしく、色が浅黒く痩せており、あまり笑わない人だった。

タバコが好きでいつも口にくわえていた。

愛想はないが孫のことは好きらしく、自分は甘いものが嫌いなくせに、行くといつも栗まんじゅうや水ようかんなどを用意してくれていた。

祖母は湯呑みに酒を入れて、舐めるようにちびちびと昼間から飲むことがあった。荒れることはなかったが、酔うと饒舌になるようだった。

母の子供の頃の思い出話や、隣人の悪口、テレビで見た歌手の論評などとりとめもなかったが、中に気になる話題があった。

「おら、人の死に様が見える」

というものだ。

そうしてその話をすると決まってしばらく自分の部屋に引っ込んで、手鏡を見ながらしばらくブツブツ言うのが常だった。

加代子さんはその時の祖母はなんだか不気味で嫌だった記憶がある。

他にも

「若い頃はいろんなものが見えた」

「東京の偉い先生が作った研究所で、おらの実験をたくさんした」

「人の探し物や人の未来が見えた」

そんな話もしていたという。

迎えに来た母にその話をすると、決まって母と祖母とが口論することになるので、加代子さんは祖母がその話をしても、母には言わなくなった。

加代子さんの話の中に出た、とある言葉が僕は気になった。

「東京の偉い先生が作った研究所で、おらの実験をたくさんした」

という言葉である。

・人の探し物や人の未来を見る＝予知能力

・東京から来た偉い先生
・東北で研究所

この三点からとある人物を思い出したのである。

東京帝国大学助教授・福来友吉氏。

オカルト好きの間では有名な「千里眼実験」の主催者であり、心理学者・超心理学者・文学博士など数多くの肩書きを持ち、念写をはじめとする透視能力、いわゆる千里眼を科学的に証明しようとして、世に千里眼、心霊ブームを巻き起こしたオカルト界の巨人である。

明治末期、福来博士は御船千鶴子、長尾郁子、高橋貞子らの被験者と共に念写、透視能力の実験を行い、心霊ブームを巻き起こしたが、多くの学者や報道からインチキを疑われ実験は失敗が続き、御船千鶴子は自殺、長尾郁子も急逝、自身も東京帝国大学を追放され「イカサマ」「ペテン師」などと世間から非難を浴びた。

だがその後も福来博士はオカルト研究を続け、晩年宮城県に「福来心理学研究所」を設立し超能力の実験などに打ち込むことになる。

加代子さんの祖母・ミツはもしかすると「福来心理学研究所」での超能力実験の被験者だったのではないだろうか？

祖母は加代子さんが子供の頃に亡くなってしまったため、実験のことなどほとんど聞けなかった。

母も祖母の能力に関しては、そのせいで外でいじめられることもあったようで、その話はしたがらなかった。ただ母親が子供の頃は、集落で迷子や探し物があると近所の人間が祖母に酒を持って相談に来ることがあったようだ。

一度、有力者の小豆（あずき）相場の相談に乗り羽振りが良かった頃もあったという。

だが年々能力は衰え、加代子さんが祖母と会うようになってからは相談に来る者など皆無であったという。

加代子さんは祖母の、

「おら、人の死に様が見える」

という言葉が強く印象に残っていた。

「うちの女は四十九になると人の死に際が見えるようになる」

と母がいない時に、加代子さんに祖母はそう言った。

その時の祖母は暗い顔をしており、しばらくするとやはり自分の部屋に戻り、鏡台から手鏡を出し、それを覗きながらブツブツ言っていた。

加代子さんが耳を澄ますと祖母は

「たけだが、くそが、くそたけだが、くそが」

と誰かに悪態をついているようであった。

その姿を見ていると、なんとなく加代子さんも不安になった。

ある時に祖母が、鹿皮でその鏡を磨いている時があった。

加代子さんが側に近づき、その鏡を見ようとすると祖母はその鏡をサッと裏側に向け
「この鏡はあんたはまだ見たらいかん。うちの女が見ると自分の死に様を見てしまう」

と言われた。

それから加代子さんは怖くなり、祖母が鏡を見ている時は決して近づかなくなった。


加代子さんが小学生高学年の時にその祖母が亡くなった。

葬式の時には母も離婚していた父も、強くショックを受けていたようで、終始真っ青な顔をしていたことを覚えている。参列者も沈痛な面持ちであった。

加代子さんが高校に上がってから父とふと祖母の話になり、祖母が実は隣人に殺されたことを知った。ストーブ用の薪で殴り殺されたと聞かされた。

動機は土地の境界線を巡って普段から仲が悪かったため、そのせいだろうと聞かされた。

その隣人の姓は「竹田」であった。

加代子さんが四十九歳になった年のことである。

近所の食料品店で買い物をしていると、棚の向こうに近所の男子高校生がいるのが見えた。

茶髪のパーマをかけた、まぁ田舎の不良高校生である。

だが彼が振り返った時、加代子さんは息を飲んだ。

彼の顔が額から真っ二つに割れ、どす黒い血が流れ、ピンクの脳のような物がのぞいていたのが見えたのである。その両目は眼窩から半分飛び出てあらぬ方向を向いていた。

一瞬ではあるがはっきりと見た。加代子さんはとっさに顔を伏せ目を固く瞑った。

しばらく目を瞑っていると、今見た光景が現実のものではない気がしてきて、恐る恐る目を開けた。

そこにはレジで顔見知りの店主と普通に馬鹿話をしている彼がいた。

ほっとすると同時に、あまりにはっきりと見えた不穏な姿に加代子さんは動揺した。

だが日が経つにつれ、あれは単なる見間違いに過ぎないと思うようになった。

それから二週間後、不良高校生が亡くなった。

交通事故であった。

深夜に原付きのバイクに乗っていた彼は、かなりのスピードで走っており、路上駐車していたワゴン車の背後に衝突した。ブレーキをした跡もなく、おそらくは不注意で車に気づかずそのまま衝突したのであろう。

いわゆる半キャップと呼ばれる簡易なヘルメットを、しかも首から阿弥陀に被っただけという危険運転で、顔面から衝突したのであろう。額は完全に割れ、眼球が飛び出してしまっていたそうである。

それからこんなこともあった。加代子さんが近所の女性と立ち話をしているときに、彼女が赤ん坊を抱いているイメージが頭に浮かんだそうである。加代子さんはそれを本人には言わずにいたが、数週間後、実際にその女性がお目出度（めでた）であることが分かった。

三年ほど前、古くなった祖母の家を更地にして処分しようと親族の話し合いで決まりました。それにあたり家財の整理で私も駆り出されたのですが、そこで祖母がよく見ていた手鏡を見つけたのです。

なぜか私はその手鏡をもらってきてしまいました。

ずっと風呂敷に包んで見ないでとっておいたのですが、先日の夜、家に一人でいるときにその鏡を覗いてしまいました。

そこに映っていた私は、どす黒い顔をして、髪も肌もびしょ濡れで、顔が異常に膨らんでいました。

まるで土左衛門みたいだな。って思ったのですが、なぜかその瞬間は怖くありませんでした。

それから電気をつけて見直したのですが、その水死体のような顔は二度と現れていません。

ただそれ以降、私は川や海などの水辺の近くには決して近寄らないようにしています。

近い内に海から離れた内陸の方に越したいと思っております。


加代子さんとのやり取りの最後はそう結ばれていた。

田中俊行

鳥居さんの話

「あ、もしもし田中ですけど。鳥居さん、急なんですが明日、家に泊まれますか？」

「あー明日な、無理やねん、ごめんな」

鳥居さんが断ってくるとは大変珍しい。いつ行ってもＯＫなはずなのに……。


理由を聞くと、八十三歳の父親が入院したそうだ。

鳥居さんは五十四歳の男性で、大阪駅の近くで暮らしている。

マンションの一室を数年前に購入し、独身貴族で悠々自適な毎日を送っている。

僕が関西で仕事がある時は、急な訪問でも対応してくれて、とても助かっている。


「親父さんか、大変だなー」

僕はそう思いながら、鳥居さんがたまに教えてくれる怖い体験や不思議な話を思い出した。

そういえば親父さんの話もいくつか聞いたなぁ、と。

鳥居さんの親父さんは泳ぐのが得意で、鳥居さんも子供の頃によく兄とともに海に連れて行かれたという。

泳ぎの教え方もスパルタで、海の深い場所にいきなり「バッシャーン」と投げられることも幾度となくあったらしい。

ただ、よく考えると、海やプールには一緒に行った思い出があるが、川には一度も行ったことがない。

何故だろうと不思議に思っていた。泳ぎが得意なら川にも行くはずだが……と。

その理由を聞くことができたのはずっと後年になってからのことだった。

鳥居さんの親父さんは「昌彦」という名前だ。昌彦さんが普段からよく言っていた言葉があった。それは、

「溺れとる人には正面から行くなよ、溺れとる人は藁をも掴む状態や。もの凄い力でしがみついてきよる」

昌彦さんは元は愛知県出身。家の近くには、四万十川、柿田川とともに「日本三大清流の一つ」に数えられる一級河川、長良川が流れていた。

これは昌彦さんが子供の頃の話。かれこれ八十年前まで遡る。

昌彦さんが近所の子供を連れて長良川で遊んでいた時、一番小さい小学一年生の男の子が深いところで溺れた。

すぐに昌彦さんは助けに行ったが正面からしがみついてこられ二人とも溺れかけた。

「これはやばい」と思い、昌彦さんはいったん自ら水中に潜り、男の子の背面に回り込んで浮かび上がると水面が静まり返っている。

「溺れたか！」と思い岸にいる子供達に、

「おい！　溺れた子どこに行った？」と川の中から声をかけた。

みんなは心配そうにこっちを見ていた。

その中には、なんと先ほど溺れていて今まさに助けに行った子供もいる。

「えっ」

岸に戻ると、みんなは「まーちゃん（昌彦）がいきなり川に飛び込んで溺れていたからびっくりした」と不思議なことを言う。

みんなは小学一年生の男の子が溺れているところは見ておらず、昌彦さんが勝手に飛び込み溺れていたと口を揃えて言った。

それ以来、昌彦さんは川が怖くなってしまい、近づかないようになったという。

数十年後、昌彦さんは結婚し、二人の子供に恵まれる。その一人が鳥居さんだ。

鳥居さんが三十代後半の時、昌彦さんのお得意さんに、広島にボートを持っている方がいて、無人島に連れて行ってくれたことがあった。

誰もいない島で火を焚いて釣りをしたり、本を読みふけったり、思い思いに過ごす。スキューバダイビングの免許を持っていた鳥居さんは、ボンベを積んで潜ると、蛸壺などを夢中でまさぐりながら海中を漂っていた。

一方、昌彦さんは泳ぎが得意なこともあって、モリを片手に素潜りを始めた。

海中で栄螺（さざえ）でもいそうな岩場を見つけ、岩の間に手を入れた。

「グッグッグッ」と手袋が引っかかり抜けなくなる。「うわぁっ」と思い、慌てて手袋を脱いで海面へ浮き上がろうとした。

その時、岩と岩の間から子供がジーッとこちらを覗いていたという。

その目を見た瞬間、昌彦さんは「あっ！」と何かが弾けるような感覚を味わった。あの川での出来事をはっきりと思い出したのだ。

海中から覗いていた子供の目。

それは長良川で見た小学一年生の男の子だった。

その時は何も言わなかった昌彦さんだが、家に帰ってからボソッと鳥居さんにだけ話してくれたそうだ。

あいつはそもそも人間なのか……。水の中にいて、ずっと昔から俺を見張っていて、隙があれば引き込もうとしてくる。

二〇一七年、昌彦さんに二回目のガンが発見された。八十歳も過ぎていることから、鳥居さん含め家族の間ではもう手術はする必要がないのではないか、という気持ちであった。

しかし昌彦さんは勝手に手術することを決めて、一人で病院に行き、手続きを済ませた。

そして、「一週間ほどで帰ってくるわ」とこれまた一人で病院に向かった。

(この時に僕が電話をして、鳥居さんに断られたのである)

金曜日入院、土日診察で月曜日に手術をした。

火曜日は術後の経過を見るということで鳥居さんは行かなかったが、母親と兄は病院へ行った。

容態が急変したのは水曜日だった。手術して二日後。昌彦さんの体調が急変した。看護師に聞いて驚いたのだが、お腹を切ったにもかかわらず、昌彦さんはすぐに食事をしたという。

完全なる病院側のミスだ。

木曜日に兄から連絡があり、昌彦さんが危篤状態だと知った。鳥居さんはすぐに駆けつけたが、昌彦さんはすでに生命維持装置をつけられた状態で、鳥居さんが到着しだいそれが外されてご臨終になった。

二〇一七年十一月一日のことだ。

鳥居さん含め家族は悲しみと喪失感に襲われるが、その後は怒涛のごとく時が過ぎていった。気づけば三月。実家で遺品整理をしていた母親が、テーブルに写真をいっぱい出していた。

「何これ？」と聞くと、

「お父さんの押入れから出てきたんや」と言う。

その写真は全て大阪の釣り仲間で作った会「大阪天狗倶楽部」の四十年ほど前の集合写真だった。どれも海で撮ったもので、釣りベストを着て釣竿を持っていた。

写真は束で出てきた。

よく見てみると、その写真は全てが奇妙だった。集合写真の所々、数人に青いマジックで×の印が顔に書かれている。

（この……×印書いている人は、近くのカーテン工場の社長さんやな）

ここの社長さんは確か、トイレに行くと言って姿を消したのだが、そのまま戻ってこなかった。一時間経って社長が居ないことに気づいた従業員が駆けつけたところ、トイレで倒れていたという。

脳卒中だった。工場のミシンの音がうるさく、誰も異変に気づけなかったらしい。

×印が顔に書かれている人達には共通点があった。

それは全員が亡くなっていること、そして事故や急な病気で亡くなった等、所謂（いわゆる）、老衰以外の人に書かれている点だ。

年齢も年齢だが、気味が悪い。

写真の束の中にはずいぶん古いものあり、子供だった鳥居さんが昌彦さんに連れられて参加しているものも数枚あった。

写真には若き頃の昌彦さん。その顔にも×印が青で書かれてあったのがゾッとした。

その時は急いでいたこともあり、とりあえず母親に「これまとめて置いといて」と頼んで実家を出た。

数日後、もう一度写真をよく見たいと思い、母親に「あの釣り倶楽部の写真どこやった？」と聞くと、「え、何やそれ？　私知らんで」の一点張り。

嘘をついている風でもなく、なぜか母親の記憶から写真のことだけがごっそり消えている。


この青い×印は一体、誰が書いたのか？

もしも昌彦さんが書いたとすれば、自分の死もわかっていたことになる。

それは予知、予言のようなものなのか？

子供の時分に体験した、あの川での出来事も関連があるのだろうか？

青いマジックの意味とは？


鳥居さんはテーブルの写真の何枚かを写メで撮っていた。それを送ってもらい見てみると、確かに数人の顔に青いマジックで×印が書かれている。昌彦さんの顔にも。

——いつか、子供の時の鳥居さん本人にも、青い×印がつくのかもしれない。

そんなことを僕は思った。

松岡真事

箱鳴物

響子さんが、寝室の押し入れの中を整理していた時のこと。

見慣れぬ菓子箱のようなものがあったので「何だろう?」と手に取ってみると、突然その中から奇妙な音が鳴り響いてきた。

テレビ番組で、ＵＦＯが空を飛んでる時の効果音みたいな。

または、女の子がか細い声でハミングしてるみたいな、そんな音。

気味悪く思って一度その場に置いてしまったが、そうした途端に音は止んだ。

箱から目が離せなくなる。

気持ち悪さが増してくる。その一方、「中を確かめたい」という好奇心も沸々と湧き上がって上がってくる。

一分くらいは、たっぷり凝固していただろうという。

遂に意を決して開けてみると、箱には古ぼけた一冊の本が入っていた。

響子さんが、小さい頃に大好きだった少女漫画の単行本だ。

「あら！　懐かしいわ。こんなのが入ってたのね」

ホッと一息し、箱の蓋を閉めて押し入れの整理を続けた。


それから数日後。

——そう言えば、押し入れの中に昔大好きだった○○先生の漫画が入ってたっけ。

思い出した響子さんは、「久しぶりに読んでみよう」と考え、押し入れの戸を開けて中を探り始めた。

が、何処をどう探しても、本を入れたあの箱が見つからない。

おかしいな？　首を傾げたその時、「そう言えば、何であの箱の中、あの漫画が最初の一巻だけ入ってたんだろう？」と次の疑問が浮かんできた。

いや、そもそも何で箱を持ち上げた時、あんなおかしな音が鳴ったのだろう？

そして何故、あの時の私は箱の中身を見た瞬間、妙に安心してしまったのだろう？

考え始めるとキリがなく納得の行かない点が思い当たり、「そんなことに素早くピンと来なかった自分の頭がどうかしていたのではないだろうか」と、怖くなってしまった。

少し落ち着こうと思い、ソファに腰を下ろしてテレビをつける。

ニュース番組をやっていた。

昔、一世を風靡した大人気少女漫画家。その死を報せる哀しい訃報だ。

「……うそ。この人って——」

思わず、手のひらで口元を覆ってしまう。

彼女が押し入れの中で見つけた、あの漫画の作者だった。

——これは何かの〝予知〟だったのだと響子さんは自分を納得させている。

だが、一つだけ。どうしても腑に落ちないことがあるという。

響子さんの育った家庭はあまり裕福ではなく、親から漫画なんて買って貰った例しがない。だから件の作品は、単行本を友達から借りて読んだ記憶しかない。そしてそれは、きちんと返却した。

「あの単行本が家の中にあること自体、あり得ない話なワケです。押し入れの中で本を見つけた時、それを露ほども疑問に思わなかったのもおかしな話ですが……そもそも結局、あの本は誰のものだったのでしょうか？」

他の疑問には頑張って目を瞑ることができるが、そこだけは妙に気になってしょうがない。

『本の所有者は誰か』。そこだけが嫌に気に掛かっているのだという。

「いちおう、昔その漫画を借りた友達に十何年かぶりに電話してみたんですが。『確かに本は返してもらった』『現物はあの後、引っ越しや何やで紛失してしまったので手元にはない』ということがわかっただけでした…… アハハ、変な話でしたね。私、病院行った方がいいかもです」

響子さん、続けて曰く。

何だか今後、また不意に押し入れの中であの奇妙な音が鳴りそうな気がする。

それはまた、箱に入った〝古い何か〟のような気がする。

そして同じような〝予知〟がまた繰り返されそうな気がする。

何故だかわからないが、彼女はどこかそれを心待ちにしているそうだ。

ホンモノ

ヴァニラさんと仰る方がおられる。

むろん、本名ではない。ご本人が、怪談本に収録されるにあたって「こういう仮名を使って欲しい」と熱望されたのだ。

彼女曰く。自分は異性の好みが、他人と少し変わっているのだという。

「何て言うんだろ。私、ちょっとバカっぽい男性が好みなんですよー」

そんなヴァニラさんの三人目の彼氏は、自称〝視える〟人。

眼鏡の似合うインテリ風の外見だったが、何となく仕草や挙動が演劇じみていて、妙に気取ったようなところに「笑える魅力」を感じていたらしい。

「もうね、自分でも本当に霊能力があるって思ってるんだか、そういう自分を演じてるんだか、わかんなくなってたんだと思うんですね」

たとえば、二人で一緒に街を歩いているとき。

いきなり彼氏が、「いま危なかったね」と流し目で語りかけてくる。

何が？　ヴァニラさんが返すと、「さっき悪霊がキミの背後を狙っていた」「僕が〝気〟を当てて祓ってやらなかったら、キミは大変なことになっていたよ」と、眼鏡のツルを押し上げながら涼しい顔で言ってのける、といった具合。

また、道端にお花が供えてあるような場所を通りかかった時なども、おもむろにその前へ屈み込んで合掌し、

「そうですか。お孫さんも生まれて幸せな老後を過ごされていたのに、大型トラックに轢かれてお亡くなりに……」

そんな寸劇をやりだす。

「おっと、失礼。亡くなった男性の方とお話していたんだ。キミも冥福を祈ってあげなよ」

不謹慎な話だが、こんな時もヴァニラさんは彼氏のバカっぽさにキュンときて、ときめきまくっていたらしい。

「だってソコで亡くなったの、三十代の女の人でしかも独身だったたんですよ？　一生懸命頭の中で即興的に心霊ストーリーを作って演じてるんだろうけど、もう何かそれがアホっぽくてバカっぽくて愛おしくて……」

愛せる人だったという。

そんな中、彼氏がインフルエンザに罹患した。

何日も高熱が続いて苦しんだというが、当然ながら感染を危惧した彼は、看病を申し出るヴァニラさんを頑なに拒んだ。

またいつも通りに二人で会えるようになったのは発病からかなり経ってからだったというが、その頃から彼氏は明らかにおかしくなり始めた。

「何もない道端にいきなり座り込んだかと思うと、合掌してモゴモゴ話し始めたんですよ」

――そうか。クラブ活動の帰りに。痛かっただろうね。

――サッカーが大好きだったんだ。そうなんだね、ウン。

ちょっと、何やってるの！　ヴァニラさんが流石に驚いて大きな声を出すと、「だってここに」と彼氏は言いかけ、「あれ？　お花は？　あれ？」と周囲をキョロキョロしだし、挙げ句の果ては狐に抓まれたようなキョトンとした表情になってしまった。

「新手の寸劇かな、とも思ったんですが。何か、今までと違って妙に真に迫っていたというか。笑えないような現実感があって……」

それから数日後。

そこで小学生の男の子が、車に撥ねられて亡くなった。

献花の中に埋もれるように、サッカーボールが見受けられたという。

「偶然かもしれませんけど、ソコって前に彼が『亡くなった男性とお話してた場所』の近くで

「……いや明確に言えば『男性が亡くなったと思い込んでお話してた場所』ですが。とにかく地元では現在、事故多発地帯になっちゃってるんですよ」


これを皮切りとして、彼氏は細々と『予知能力』のようなものを発揮しだした。

身近な人の体調に関することや、近い将来起こる事故の発生。はたまた、その日の天気までも数十分単位でピタリと当ててしまうのだ。

失せ物探しにも才能を発揮し、ヴァニラさんが車のキーを無くしてしまった時などは問われもしないのに「玄関へ言ってごらん」と口走り、果たして本当に玄関の外にキーが落ちていた、ということもあったのだという。

「私が落とした時の——過去の映像も視えるの？」

驚いたヴァニラさんが訊ねると、

「いや、玄関でキーを拾う未来のキミの姿が視えただけ」

表情を変えることなく、淡々と彼氏は答えた。

その時、はじめて少し〝怖い〟と感じた。

「あのー、重複になっちゃうんですが、私って〝バカっぽい人〟が好みなだけであって、〝ホンモノ〟はちょっとアレなんですよね。いや、この場合〝ホンモノのバカ〟ってことじゃなくて、〝ホンモノの霊能者〟はちょっと、って話なんですけど…… アハハ、何言ってんだ私」


彼は、それから程なくしてヴァニラさんの元を去った。

出家したのだ。

「けっこう有名な所みたいです。山深い場所に大きなお寺がある、みたいな」

一度だけ、そんな山中の彼から手紙が届いたことがあった。

『厳しい修行のおかげか、〝未来を視る〟能力もだいぶ制御できるようになってきました。正直、自分の意思に反してランダムに未来のビジョンが視える毎日がとても辛かった。僕は俗世間から離れて生きることにします。キミもお元気で』

そんなことが書かれていた。

中二テイスト溢れる文面にヴァニラさんはちょっぴりキュンと来たというが、それからスッパリ音信は途絶えているという。

ひだりうしろ

私には、アマチュア怪談書き時代からずっと懇意にしている、力強い怪談提供者の方が何人かいらっしゃる。

その中でも特に『彼』というニックネームで呼ぶ人物には、足を向けて眠れないくらいにお世話になっている。

二十年来に亘り医療や福祉に関係する仕事を続けながら民俗学にも精通し、自身も数々の怪異に遭遇している貴重な（？）人物だ。

今回お送りするこの話は、そんな『彼』が出会ったある不思議な能力の持ち主に関する体験談である。


「そうですね。あの施設に通いだしたのは、二〇一〇年の師走頃からだったかなァ」

『彼』の当時の勤務先は接骨院であり。仕事の一環として、とある老人ホームを往診していた。

脳梗塞をはじめ、様々な重篤な病気で後遺症を患っている患者さんや、経管栄養処置を施されている患者さんが入居しているフロアを任されていたという。

「失礼な話ですが、身体的にこれ以上の回復が見込めない方ばかりが居られるわけです。だから彼らのリハビリは、『健康を取り戻せるように』ではなく『これ以上悪くならないように』というのが基本目的とされていました」

しかし、患者さんたちの多くは「絶対に良くなってやるんだ」「家に帰るんだ」と心から信じてリハビリに取り組んでおられる方ばかりで、そのため非常に積極的。

周囲の職員らはそんなお爺ちゃんお婆ちゃんの前向きな姿に心を痛めつつ、「これ以上良くなることは無いのだから、せめて亡くなるまで寄り添ってあげよう」という想いを心に秘め、精一杯の介護を続けていた。

「何というか、哀しい――『優しい嘘』で成り立っていた職場でしたね」

そんな施設に通い始めて、はや二年が経った頃のこと。

「当時、大野さんという患者さんに施術をしていたんです。この方は、不幸にも脳梗塞によって半身麻痺となってしまわれて。言葉は僅かながら話せるものの、左の手足がどうにも動かせないという状態でした」

関節が固まるのを防ぐため、少なからず痛みを伴う手足のリハビリを行う。

我慢強い性格の大野さんは、その痛みを噛み殺すようにして堪えていた。

そして、後遺症のせいでモゴモゴとくぐもった声ながら、「ありがとうございます」という挨拶をいつも忘れず職員さんにかけてくれる優しい方でもあった。

食欲は旺盛。内臓の方は健常者とほぼ変わらない状態だったらしい。

「その日もですね。いつものように大野さんに、足の指・足首・膝・股関節に渡る一連のリハビリ治療を行っていたんです。そしたら不意に、ある職員から声をかけられたんですよ」


「やぁ。いつも頑張ってますね」


そのフロアで働いている吉川さんという年上の男性だった。

「終わったら、ちょっと向こうに来てくれないかな?」

指定された「向こう」とは、施設の事務所のことである。何だろうと思いながらもリハビリを済ませてそこへ伺ってみると、

「先生、本当に一生懸命ですね。でもね、大野さんの場合はね、もっと手を抜いても平気だと思うんです」

――は?『彼』は、大きく眉間に皺を寄せた。

この人、いったい何を言っている?

「吉川さん。失礼ですがこちらとしても、そういう訳にはいきません。確かに大野さんにとっては痛みを感じる施術ではありましょうが、関節は確実に一定の動きを維持しています。リハビリとして適切な処置であると思いますし、手を抜く必然性がありません」

これを聞いて、吉川さんは少しビックリしたような顔をされた。そして、「いや、そうじゃなくて」「どう説明したらいいかなぁ……」などと少し考える風な素振りをした後、「うん。率直に言いますとね。もう直ぐ亡くなるんです、あの人」え。

率直に驚いた。

そういう診断が病院側から出たんですか？　思わず問いかけてみたが、どうやらそうでは無いらしい。

「とにかく、もう直ぐ亡くなるわけなんです。でも、とてもいい人でしょ、大野さん…… だからね、できる限り本人の努力を褒めてあげて、痛くないリハビリだけをやってあげて、苦しまずにいい思い出だけを心に抱いて亡くなってほしいな、と。僕はそう思っているんです。どうかなぁ」

何を抜かしやがる、と思った。

「まぁ、介護施設にも色んな人が居られますからね。その時も、適当なことを言っておいて話を濁していたんですが」

四日後。

大野さんは、まったく突然の体調急変で亡くなられた。

老衰、とのことだった。

「納得いきませんでしたね。納得はいきませんでしたが、往診は続けていました。仕事ですから。でもね。それからも、ですね」


――やぁ先生、本当に頑張り屋さんですね。

――でも、いま担当してる○○さんは、長くないよ。

――もう少し、痛くしないでやって下さい。楽にしてやって下さい。

――それが、本人の為でもあると思いますけど。どうかな。


忘れもしない、という。

一年間で、四名。吉川さんから「手を抜いて」と言われた患者さんが、次々に亡くなった。どの方々も、ひどく衰弱しているような重体ではない。それがある日突然、容態が急変してこの世を去られるのだ。

……縁起でも無い話だが、「もしや患者さんが苦しまないように、吉川さんが〝意図的に〟やってらっしゃるのでは?」という恐ろしい推理を働かせてしまったことも実際あるという。

しかし。それとなく喫煙所などで周囲の職員に話題を振ってみると、

「あー。吉川さんは、特別。昔からそういうことがわかる人なんだ」

「そうそう。あの人にはね、頭が上がらないことがありますよ」

意外に、吉川さんが同僚達から高い信頼を得ていることがわかった。

「きっと普段から他人の体調とかを良く見てるんだね。何につけ、よく気がつく人だから」

「何気ない小さな変化を見逃さないから、いろんなことが〝読める〟んでしょう」

そんな話が、山のように出てくる、出てくる。

「先生、俺も吉川さんから言われた事あるよ。あの患者さん、もう直ぐ死ぬから優しくしてやりな、って」

本当にその患者さんは間もなく亡くなったらしいが、「吉川さんが言うんだから本当に亡くなるんだろう」「しっかり看取ってあげなくちゃ」と心構えができていたおかげで、悔いのない介護をすることができたという。

「そう、こっち側の心構えの問題だね。いつだって仕事は丁寧にやろうと思ってるけど、何てったってストレスばっかの職場。心の中の〝誠心誠意〟ってのが忘れがちになる。吉川さんは、そんな俺達に釘を刺してくれてるんだろうよ。頭が下がる」

そんなこんなのリスペクトの数々に、『彼』は舌を巻いてしまった。


それから更に時は過ぎ。だんだん『彼』も施設に馴染んでくる。

昼食も施設の食堂で食べるようになり、職員さん達とも更に親しくなっていった。

そんな中、

「やぁ、先生ですか。すっかりもう、ここの同僚みたいなもんですねぇ」

ある日。吉川さんと昼食を同席することになった。

なるほど、晴れて同僚ですか、と苦笑しながら。幸い周囲に他の職員さんも居なかった為、『彼』は色々と突っ込んだことを吉川さんに聞いてみたくなったのだという。

何故、患者さんの死期がわかるのですか？　何かその能力には『きっかけ』みたいなのがあって発現したのですか？　などなど。

「はははは。何だ、そんなことが気になってらっしゃったんですか」

吉川さんは、いつも通り朗らかに笑い、

「……先生、笑わない？」

念を押すように、そう訊ねて来られた。

もちろん。こっちから訊いた手前、馬鹿にするようなオチはないですよ。『彼』がハッキリそう言い切ると、ニッコリ笑った吉川さんは訥々と質問への『答え』を語り始めた。

「あのですね。人ってね。死ぬ前になると〝もう一人の自分〟が左後ろに立つんですよ」

吉川さん曰く。

その「もう一人の自分」が見えた患者さんは、一〇〇パーセントもう助からない。

最初、それはずっと見えているのではなくて、「ふとした時にその患者さんに視線が行ったときスッと一瞬だけ」視界に飛び込んでくる。

ジッと凝視してる時にでもそれが見えるようになってきたら、その人はもうダメ。

先の大野さんのケースでは、もう既に『彼』がリハビリを施している最中でさえ、もう一人の大野さんが左後ろに立って自分のことをジーッと見つめていたので、「ああ。遂に大野さんも」と切ない気分になってしまったのだという。

「だから、思わず言っちゃった。一回伝えちゃったら、僕が〝そういう人間〟だとわかって貰えるかなぁと思って。それからずっと、先生には教えてあげるようになったんです」

――あの人、死ぬよって。

「ああ。気にしてたのならスミマセン。僕、変な人ですね。ハハハ……」

そんなことないです。『彼』は言い切った。

その一言だけで、吉川さんはじんわりと微笑まれた。

「ありがと、先生。――よかったらこの後、四階に来てくれませんか。見て頂きたい人が居られるから」

午後の往診の前に、吉川さんから言われた通り四階に行ってみた。

待っていた吉川さんから、「こっちに来て」と誘われて居室の一つへ向かう。

同フロアの中にある、少し裕福な方が入居されているお部屋である。

そこにはテレビを視聴されている高齢の女性が居られた。ほとんど自立が可能な身体能力を保持されている方で、リハビリの類いは一切受けていない。

「見えませんか、先生」

吉川さんが、ドアの窓越しにその女性を指さす。

「僕、いまパッと中を覗きましたけど。あの女性の椅子の近くに、本人と瓜二つの同じ人が見えました」

えっ？ 思わずもう一度、部屋の中を覗いて見てみる。

——女性の姿しか見えない。

「ウン。僕、そういう人なの」

では。では、この女性は。近いうちに——。

「最近ではね。二人の人間が至近距離で立ってるだけで、『あっ、この人、もうお亡くなりになられるんだ』って直感的に思うようになっちゃったんですよ。こないだなんて、たまたま二人の人間が寄り添っておられるところに出くわしちゃって、ギョッとしちゃって。でも顔を見るとまったくの別人だったから、『勘違いじゃん！』って吹き出しちゃったくらい。ハハハハハ…… 何なんだろう。やっぱおかしいね、僕」

そう。受け入れすぎて、おかしくなっちゃってるんでしょう。

吉川さんは寂しい笑顔で仰った。
いろいろ悟って——いや、諦めてらっしゃるんだな。そう思ったという。

＊

吉川さんが指摘された女性の入居者の方は、それからきっかり十日後に亡くなった。

特別、体調を崩されたということはない。

朝。ベッドの中で、眠るように亡くなっていた とのことである。


その後も吉川さんとは度々、会話を交わすことがあったというが、そのとき聞いた話の数々を、今も『彼』は忘れられない。

「老人ホームってのは、人生の終わりを見届ける場所ですよ」

「家族も我々職員も。そして何より、入居者ご本人が、ね」

「でもね。前向きな入居者の方々は、それが よくわかってない」

「わかってても、その気持ちを押し殺して生きてるんだ」

「でも本当に自分でも終わりが見えてきたそのとき。その人の後ろに立っているのはね」

「『自分の死期にどこかで気がついているその人』本人だと思うんですよ」

「何も気付いてない素振りの自分を見つめ――悲観してんのかな」

「もしかして、〝終わらせ〟に来てんのかな」

「いやぁ。いろいろ考えてきました」

「八年間。こうやって仕事してきました――」


長い長い時間をかけて、吉川さんはそんな次第を断片的に語られた。

やがて『彼』が退職を決意したとき、吉川さんはわざわざ自ら出向いて来られ、

「先生、元気でね。本当に頑張って来られましたね。先生はまだ左後ろに〝居ない〟から平気だよ。これからも無理せず仕事してね」

そんなエールを送って下さったのだという。


――若い人の後ろにも見えるの？

一度、『彼』は吉川さんに訊ねてみたことがある。

吉川さんはその問いにダイレクトには答えず、

「僕ぁ旅行とかに行った時も、『ひだりうしろ』の人が居たらその場所には近づかないことにしてるんです。バスとか電車とかなら、なおさらです」

そんな言葉を返してきた。

あぁ、見えるんだなと思った。

吉川さんはおそらく今もくだんの施設で働いている筈であろうと『彼』は語る。

ひだりうしろに立つ入居者の〝死〟の予兆と向き合いながら。

人の〝死〟と常に真っ直ぐに向き合いながら。

郷内心瞳

アサクラ

佳乃子（かのこ）さんは都内に暮らす、八十代の女性である。

出身は、千葉県南部に位置する某市。明治の頃に祖父が興した家に、彼女は生まれた。

一九六〇年代の初め頃、佳乃子さんが成人を迎えてまもない時期のことである。

ある日を境に、奇怪な夢を見るようになった。

夢の中で佳乃子さんは、どこともしれない建物の中をさまよっている。

息は荒く弾み、気分はそわそわと落ち着かない。心臓の動きも忙しなかった。

おぼつかない足取りでたどっているのは、薄墨色の闇に染められて暗みを帯びた廊下。灰色がかった床に差す自分の影も、薄闇に染まって濁っていた。

外では鴉（からす）が鳴いている。おそらく夕暮れ時ではないかと思う。鋭い風の音に交じって木々の葉がざわざわと騒ぐ音も聞こえてくる。

廊下の両脇に立つ壁の色は、のっぺりとした白。壁面の腰の高さの辺りには、灰色の手摺りが延びている。

壁に沿って等間隔に並ぶドアは、ところどころが開いていた。歩きながら中を覗くと、いずれも簡素な作りのベッドが並び、顔色の冴えない人物が横たわっていた。

枕元に点滴スタンドが立っているベッドもある。他にも真っ黒な画面に緑色の波形がうねるテレビのような物や、得体の知れない機械が備えられたベッドもあった。

病院だろうと佳乃子さんは思う。

だが、自分が日頃世話になっている病院のそれとは、様相が違う。

廊下の造りも部屋の造りも、視界に映る何もかもがレントゲン室のように冷ややかで、無機質な印象を抱いた。小綺麗だけれど、全てが殺伐としていると言い換えてもいい。

周囲のこうした雰囲気も心を掻き乱す一因となっていたが、最大の理由ではなかった。

背中に生じる圧迫感。背後に何かが迫ってくるような気配。

それも、まともな存在ではない何か。こんな憶測から生じる不安のほうが強かった。

振り向いても誰がいるわけでもなかったが、気配は生々しく感じられて落ち着かない。だから立ち止まらず、なるべく早足で歩き続ける。

さらにはもうひとつ。佳代子さんは何かを探し求めて、この院内を歩いているらしい。それが何かは分からないのだけれど、躍起になって探し回っているのは確かだった。

廊下に面して並ぶ無数の部屋を覗いて回る。時にはドアを開け、中の様子を覗きこむ。けれどもこれぞと思うものは見つからない。

果たして自分は何を、あるいは誰を探し回っているのだろうか。

答えも分からないまま、佳乃子さんは薄暗い病院内を歩き続ける。

それからしばらくした頃である。背後に感じる気配が、ふいに強くなった気がした。

思い違いだろうと高を括って歩くのだけれど、そんな思いを嘲(あざけ)るかのように気配はますます濃度を増していき、ざわざわと背中に粟も生じ始める。

とうとう堪らずに振り向くと、今度は本当にいた。

長い廊下のはるか向こうに、異様な風体をした老人がいる。

老人は白髪頭を剣山のように逆立て、皺くちゃの顔から両目をぎらりと光らせながら、佳乃子さんをひたと睨み据えている。病院着とおぼしき浅黄色の上衣は襟元が大きくはだけ、浅黒い皮膚に包まれた鎖骨と胸骨の細みを浮かせた輪郭が、蛇腹の線を描いて露(あら)わになっている。

老人には下半身がなかった。代わりに得体の知れない輪っかが、腹のまんなか辺りに巻かれている。鈍色に染まる金属製の浮き輪のような形状で、輪っかの下には何もない。

はっとした瞬間、老人は宙に浮きながら音もなく、滑るような動きで迫ってきた。

死に物狂いで駆けだすさなか、佳乃子さんの脳裏に「アサクラ」という名前がよぎる。なぜだか理由は分からなかったが、それが老人の名だと直感する。

宙を滑走するアサクラの動きは速かった。全力で駆けずる佳乃子さんの背に向かって、みるみる距離を縮めてくる。

このままでは捕まってしまう。捕まったら何をされてしまうのだろう……。

息を荒げ、涙にむせびながら走り続ける佳乃子さんを悪意で焚きつけるかのように、アサクラはさらに速度を増して迫ってくる。目玉は獣のごとく丸く開いて血走っていた。

走りながら救けを求め、叫びの声もあげたが、手を差し伸べてくれる者はいなかった。姿を隠せる場所もない。そのうち息もあがり、足の動きも鈍ってくる。

いよいよ引きずるような足取りで逃げ惑うさなか、うしろから両肩をぐっと掴まれた。振り向くと皺だらけの顔に憤怒の形相を浮かべたアサクラの顔が、すぐ目の前にあった。


夢は毎回ここで終わる。粗筋も概（おおむ）ね同じである。決まって悲鳴をあげて目を覚ます。月に一度か二度の割合で見た。見始めて三月（みつき）も経つと、ただの夢とは思えなくなった。

家族に夢の仔細を切々と語って聞かせたのだけれど、答えは「夢は夢だろう」だった。仕事で神経が疲れているから、妙な夢を見るのだろうという。

当時勤めていた会社は、職場の雰囲気も含め、過度な疲れが溜まるものではなかった。むしろ悪夢にうなされ、怯えることが、神経をすり減らす原因になっていた。

夢を見る原因はなんだろう。

土地に障りでもあるのではないかと思い、両親に尋ねてみたが、家が建つ前の土地は単なる野原で、おかしな障りや因縁など考えられないとのことだった。

ゆえに病院らしき建物があったという事実もない。

アサクラという名前や老人についても、知らないとのことだった。

道理が一切不明のまま、その後も夢を見続けた。

薄暗く、奇妙な造りの病院内で異形のアサクラにさんざん追い回され、最後は捕まり、悲鳴をあげて目を覚ます。

繰り返し見れば見るほど、佳乃子さんの神経は確実に削られ、すり減っていった。


夢を見始め、半年近くが経った頃のことである。

夜更け過ぎ、またぞろ悪夢にうなされ、目が覚めた。

この日は口の中がからからに干上がり、喉が灼けるようにひりひりしていた。

再び寝つけないほど渇きはひどく、水を飲んで潤したい衝動に駆られる。寝ぼけ眼で寝室を抜けだし、廊下を渡って台所へ向かった。

どうにか一息ついて、台所から寝室へ戻るさなかのことである。

真っ暗な家の中に不穏な気配を感じて、足が止まった。

どこかに人がいるような気配がする。家族の放つそれではない。そもそも家族は全員寝ているはずの時間である。それなのに気配は幽かながらも、確かに感じられる。

息を潜めて様子を探ると、気配は廊下の奥にある納戸（なんど）の中から漂ってくるようだった。躊躇（ためら）

いは生じたものの、正体を確かめずに布団へ戻るというのも気味が悪くて嫌だった。鼠ぐらいならば御の字だろうと腹を括り、引き戸をそっと開けてみる。

中には電気の明かりが灯っていた。電球など、備えられていないはずなのに。

淡い青みを帯びた、冷ややかな色合いの光である。初めて目にする光の色だった。

冷たい光に晒された納戸の中は、様相も異質だった。本来ならば板張りの狭い空間に、雑多な家財道具がひしめいているはずなのに、中はがらんとしていた。

床は艶みがかった灰色、壁はのっぺりとした白に染まっている。壁面には腰の辺りの高さに灰色の手摺りがついている。

夢で見ている病院の廊下とそっくり同じ光景が、納戸の向こうに広がっていた。

信じられない気持ちで引き戸の隙間から中へ首を差しこむと、気配が一段と強まった。反射的に右のほうへ顔を向けた瞬間、顔からさっと血の気が失せる。

青白い光に染まった廊下の奥に、アサクラがぽつんと浮いていた。

目が合うなり、アサクラは凄まじい勢いでこちらへ猛然と迫ってくる。

悲鳴をあげて引き戸を閉め直すと、騒ぎで目覚めた家族が血相を変えて集まってきた。しどろもどろに事情を説明したのだけれど、やはりまともに聞く耳を持ってはくれない。恐る恐る引き戸を開け直してみたが、中には家財道具が押しこめられているだけだった。

「大方、寝ぼけて夢の続きを見たのだろう」

呆れ顔で父がこぼしたひと言に、他の家族もうなずいた。
「寝ぼけていない」と言い返しても、家族の答えが変わることはなかった。

斯様な一件があったのちは、夜中に悪夢で目覚めてからも安心できなくなってしまう。喉が渇けど、尿意を催せど、下手に布団から起きだしたら、家の中で再びアサクラに出くわしてしまいそうな不安に駆られ、怯えて朝までやり過ごすことになった。

こうなると心身ともども限界という判断に至り、最終的に佳乃子さんが下した結論は、家を出ることだった。結婚することにしたのである。

結婚は以前より両親から強く勧められていた。たまさか最初に引き合わせてもらったお見合い相手が好印象で、条件も申し分なかったので、早々と結納を済ませてしまった。

結婚後は夫が暮らす東京に住まいを移し、専業主婦として暮らし始めることになる。

新婚生活が始まってしばらくのうちは、悪夢の再来を恐れて身構えていたのだけれど、一年経っても夢にアサクラが出てくることはなかった。

その後も夢はついぞ見ることがなく、結婚三年目で佳乃子さんはひとり娘を授かった。娘が生まれたのちも周囲で不穏なことが起こることはなく、しばらく平穏無事な月日を送ることになった。

竹藪婆

八千代さんは佳乃子さんの娘である。

六〇年代の半ばに都内で生まれ、同じく都内の自宅で両親の庇護の下に育っていった。

時は七〇年代の半ば過ぎ。彼女が小学六年生だった頃の話である。

一学期の終わりに、学校行事で林間学校が開かれることになった。

場所は千葉県南部に位置する、古びた宿泊施設。緑豊かで静かな雰囲気の場所だった。

初日の夜、消灯後に同じ部屋の女子たちで、ささやかな怪談会を催すことになる。

怖い話が苦手だった八千代さんはあまり気が進まなかったのだけれど、当時は世間が空前のオカルトブームだった影響もあり、他の女子たちの大半は乗り気だった。

話題は主にテレビや本で見聞きした幽霊話で占められていたが、中には家族や親類が体験したという奇怪な話を披露する娘もいた。

会が始まり、しばらく経った頃である。

多希子ちゃんという娘が、話を語ることになった。

彼女は少し変わった性格をしていて、クラスでも少々浮いている感じの女の子だった。

「これはうちのおばさんから聞いた話で、昔本当にあったコトなんだって……」

声音を低くし、脅すような口調で始まった彼女の話は、なんとも異様な筋書きだった。

ある時、ひとりの老婆が車に轢き逃げされて亡くなった。

事故の衝撃で、老婆は路傍の先に広がる雑木林の中へと跳ね飛ばされてしまう。

遺体が見つかったのは、それから数日後。

本来ならば検死を経たのち、家族の許（もと）へと帰されるべきはずが、そうはならなかった。現場から遺体を動かすことができなかったからである。

林の中に横たわる老婆の遺体は、地面から生えてきた若竹に身体の方々を刺し貫かれ、剣山のような姿になってその場にがっちりと固定されていた。

やむを得ず、遺体の回収は後回しとなり、通夜は林の中、串刺しになった遺体の前でおこなうことになる。

遺体の前に敷かれた茣蓙（ござ）の前に遺族と参列者が座り、僧侶が粛々と供養の経を誦（ず）する。そうしたなか、しばらくすると参列者のある男性が驚きの声をあげた。

遺体が動いたようだと言う。

びくびくと痙攣するように動いた。刺さった竹から身を引き抜こうとしているような動きだったと彼は語る。他にも何人かが動くのを見たと言った。

不穏な空気で通夜を終えた翌日、遺族が林へ向かうと遺体が姿を消していた。周囲を必死に探してみたが、どこを探しても遺体はとうとう見つからなかった。

それから数日経った頃である。

林から少し離れた道路で、自爆事故を起こした車が発見された。

車に乗っていたのは運転手の若い男と老婆のふたり。

どちらもすでに死んでいた。

老婆は林から消えて行方知れずになっていた、あの老婆である。身体じゅうに青竹が槍のように突き刺さった状態で助手席に座り、運転手の男にしがみついていた。

のちになって、この運転手と自爆事故を起こした車こそが、件の老婆を轢き逃げしたものだと断定される。

殺された老婆の無念が執念に変わり、遺体が蘇って犯人に復讐したのだろう。

そんな噂が誰の口からともなく囁かれ、事件が起きた界隈はしばらく騒然となった。

ところが話はここで終わらなかった。

二度目の事故が起きて以来、現場付近の路上に老婆の霊が現れるようになったというのだ。

全身に竹が突き刺さった異様な姿で夜な夜な林の中から飛びだしてきて、夜道を走る車を追いかけたり、時には車内に乗りこんでくることもあった。

そんな老婆の霊をいつしか人は、竹藪婆と呼ぶようになった。

竹藪婆の襲撃で新たな事故も起きたため、遺族が再び僧侶を招いて拝んでもらったが、それでも婆は現れ続けた。

今でも夜になると林の中から出てきて車や通行人を襲うため、事情を知っている者は、夜には決してこの道を通ることはないのだという。


概ねこんな筋書きだったのだが、話を聞いた女子たちの反応は冷ややかなものだった。

「怖いは怖いけど、なんか変」

誰かがぼやくと、他の娘たちも声を揃えて「うん、変」と応じた。

続いて、他の誰かが顔をしかめて「作り話じゃない？」とつぶやくと、他の娘たちも「嘘っぽいね」と囁き始めた。

八千代さんも同感だった。確かに多希子ちゃんの話は全体的に嘘っぽかった。

雑木林に遺体が数日転がっていただけで、竹が全身を刺し貫くものだろうか？

ありえないと思った。竹がそんなに急激な速さで成長するとは思えなかった。

遺体が起きあがって轢き逃げ犯に復讐をするくだりは、安っぽい怪奇映画のようだし、その後に霊となって赤の他人を襲う展開は、やりすぎの感が否めない。

全体的に荒唐無稽な印象が強く、恐怖よりも疑問を抱く回数のほうが多かった。

「嘘の話は白けるね」

「そんなの現実的にあるわけないし」

みんなが非難の言葉を浴びせ始めると、多希子ちゃんは声を殺して泣きだしてしまう。それで気まずくなってしまい、怪談会はお開きになった。

布団に入って目を閉じると、八千代さんは多希子ちゃんのことをかわいそうに思った。話は嘘でも、おばさんから聞いた話というのは本当かもしれなかったし、話した理由もおそらく、みんなを楽しませたかっただけだろう。

それに話がまったく怖くなかったわけではない。

八千代さんは竹藪婆が動きだす後半のくだりより、その前の通夜のくだりが怖かった。鬱蒼とした雑木林の中へおもむき、無残な姿の遺体の前で読経の声にじっと聞き入る。そんな光景を脳裏に思い浮かべると、背筋がむずむずとざわめいて寒気を感じた。

横になってからも通夜の光景は何度も頭の中で蘇り、なかなか寝付くことができない。早く寝ようと焦れば焦るほど、意識はますます冴えてきてしまった。

さらに悪いことに、そのうち外では雨の振る音が聞こえてくる。しょぼしょぼと鳴る陰気な雨音を聞いていると、怖じ気はさらに増して耐え難い気分になってくる。

そこへ女子の誰かが「ねえ」と言った。

声に応じて他の女子たちも「何？」と小声で応じる。

まだ何人か起きていた。一瞬安堵したが、続く彼女のひと言で再び背筋が凍りつく。

「外から変な声、聞こえてこない？」

反射的に耳をそばだてると、声は確かに聞こえてきた。

厳密には声ではなく、息遣いである。「ぜえ、ぜえ……」と喘ぐような荒い息遣いが粘っこい雨音に交じって幽かに聞こえてくる。

「近いよね？」

「うん、近い」

誰かの問いに誰かが答え、他の誰かが「嫌だ」と言う。八千代さんも呻き声をあげた。

息遣いは小さかったが、確かに距離はそこそこ近くに感じられる。

カーテンに閉ざされた窓からほんの数メートル。窓の向こうに広がる森の手前辺りか、あるいは中から聞こえてくるような気がする。

「もしかして、竹藪婆じゃない？」

誰かが冗談めかしてそんなことを言ったが、誰も笑う娘はいなかった。

八千代さんは笑う代わりに、ますます怖じ気を強めてしまう。

言われてみると、息遣いは確かに老婆のそれを思わせるようなものだったからである。

若いよりかは老いていて、男というより女に近い、若干細くて甲高い声音。

そんな息遣いが「ぜえ、ぜえ……」と、窓の外から断続的に聞こえてくる。

誰も「カーテンを開けてみよう」と言いだす者はいなかった。八千代さんにとっては、この上なく幸いなことだった。

息遣いはそれからしばらく断続的に聞こえたあと、ふいに聞こえなくなってしまった。

翌朝は雨もすっかりあがり、敷地内の広場で飯盒炊爨がおこなわれた。

同じグループの女子たちと準備を整え、できあがった料理を食べ始めた頃だった。

にわかに敷地内の雰囲気が騒がしくなってくる。施設の従業員とおぼしい大人たちが、血相を変えて駆け回り、そのうちパトカーと救急車がやって来た。

何事かと思って様子をうかがっていると、警察官と救急隊員が敷地に面した森の中へ分け入り、まもなくすると担架にのせた何かを運んで森から出てくるのが見えた。

白いシーツがかけられていたので、中身を目にすることはできなかったが、大きさや形状から考えて、それが人間であることは明らかだった。

同じ日の夕食時、誰から仕入れたものなのか、同級生の男子らが担架の中身について、得意顔で触れ回った。

老婆の遺体だったという。少し前から行方知れずになっていた、施設の近所に暮らす老婆の遺体が、焚き木を採りに入った従業員に発見されたそうである。

蒸し暑い季節柄、遺体は腐敗が激しく、身体じゅうに蛆が湧いて真っ黒になっていた。

男子らは、そんな話もにやけ面でしつこく語った。

夕食後、部屋に戻った女子たちの間で、不穏な議論が繰り広げられる。

「昨夜の多希子の竹藪婆の話と、なんか関係あるんじゃない？」

女子のひとりがそんなことを言いだしたが、多希子ちゃんを責める目的ではなかった。彼女は縋りつくような目で多希子ちゃんを見つめていた。

因果関係があるのかないのか、はっきりさせたかったのである。仮に多希子ちゃんが語った竹藪婆の話によって、森から老婆の遺体が発見されたとしたら、竹藪婆の話にはなんらかの力があるのではないか？　祟りと言い換えてもいい。

ならば話を聞いたみんなにもこの先、何かよくないことが起こるのではないだろうか。そんな推測が漠然と湧きたち、誰もが不安を拭いたかったのである。

けれども多希子ちゃんの答えは、みんなを安心させてくれるものではなかった。

戸惑いながら「わたしに言われても知らないよ……」というのが、彼女の答えだった。

責めるわけにもいかず、そもそもそんな気も起こらず、八千代さんたちは震えながら「大丈夫だよね？」と励まし合う。

昨夜は「作り話」と断じてせせら笑っていたのが、嘘のように思える変わり様だった。多希子ちゃんはみんなの顔色をうかがいながら、おろおろしているばかりである。

「大丈夫、やっぱりただの偶然。気にするのはもうやめよう」

女子のひとりが決心したかのように強気の笑顔を作って、話を打ち切る。

彼女の提案で消灯時間までトランプ遊びをすることになった。さっそく準備を始める。

とたんに。

ばん！　ばん！　と大きな音が部屋じゅうに鳴り響き、みんなが一斉に悲鳴をあげた。

窓を平手で激しく叩いた音のように聞こえた。窓辺にいた女子が反射的に立ちあがり、カーテンを開け放つ。そこで八千代さんたちは、はっと息を呑むことになる。

八千代さんたちが泊まっている部屋は二階にあり、窓の外にベランダのたぐいはない。外から誰かが窓を叩くことなど、絶対できない高さだった。

それは昨夜聞こえてきた、謎の息遣いについても同じである。窓に対して近かろうが遠かろうが、暗闇の虚空に立って息を吐ける者など、いるはずがないのである。

窓を叩かれるまで、自分たちが二階に泊まっていることに気づけなかったのも恐ろしかったし、昨夜の息遣いが、やはり尋常なものではなかったと裏付けられたのも恐ろしかった。

その夜はみんなで一層、震えながら寝ることになったそうである。

顕現

麻衣さんは八千代さんの娘である。

九〇年代の初めに八千代さんと同じく都内で生まれ、そのまま都内で成人を迎えた。

彼女が社会人になってしばらく経った、二〇一四年の八月半ば。

月遅れ盆の時季に彼女は、凄まじく異様な体験をすることになった。

この頃、麻衣さんは大学時代の友人たちと誘い合い、千葉県南部の山中へ泊まりがけのキャンプに出掛けていた。麻衣さんにとっては、生まれて初めてのキャンプだった。

二日目の午後、昼食を終えたあとにみんなで付近を散策することになる。

キャンプ場の周囲には長い遊歩道が敷かれていたが、こちらは初日に散策済みだった。二日目の朝方になって友人のひとりが、場内の奥まった場所に別の道が延びているのを見つけたので、そちらを歩いてみることにする。

新たな道は、荒々しく繁茂する小藪に挟まれながら延びていた。見た目は獣道に近い。道幅も狭く、人ひとり通るのがようやくである。

一列になって進んでいくと、ほどなく道は緩い上り坂になった。さらに進んでいくと、前方の視界が片方開けて明るくなった。

開けたほうの視界には、急な斜面が広がっている。真下まで目算で十メートルはある。土肌が剥きだしになった斜面のあちこちには、大きな岩がぼこぼこと、乱杭歯のように突き出ていた。

「落ちたらやばいね」

斜面の底を怖々と見おろしながら、肩を竦め合う。

落ちれば危険なことに変わりはないが、気をつけて歩けば十分進んでいけそうだった。

ちょっとした冒険気分になっていたのも手伝い、そのまま先へ向かうことにする。

談笑しつつも慎重な足取りでしばらく道を進んでいくと、先頭を歩いていた男友達がふいに足を止め、斜面の片側に面した木立ちのほうへ視線を向けた。

「どうしたの？」と尋ねた麻衣さんに、彼は「しっ」と指を立て、それからおもむろに「なんか声が聞こえる」と答えた。

麻衣さんも木立ちに向かって聞き耳を立てると、確かに不審な声が聞こえてくる。

嗄（しわが）れた男の声で、お経を唱えているようだった。

他の友人たちにも聞こえた。やはりお経を唱えているようだという。

声は木立ちの奥から聞こえてくる。距離は相応にありそうだったが、木々の間に茂る下草の背は低く、その気になれば行けない距離でもなさそうだった。

「探検しよう」ということになり、木立ちの中へと分け入る。

こんなところで、どうしてお経を唱えているのだろう？

疑問を抱きながら歩き始めてまもなくすると、ふいに声が大きくなった。

というより、声が急に近くなって、耳に大きく届いてきたのである。

まるで一瞬にして、十メートル単位の距離が縮まったかのような印象だった。

「嘘……」と女友達がつぶやく。他の友人たちも呻き声をあげつつ、息を呑んでいる。

声は近い。ほんの数メートル先から聞こえてくるような気がする。

と思った矢先、前方に茂る灌木の向こうに人影が見えた。

息を潜めて覗きこんでみると喪服姿の男女が大勢、地面に敷かれた茣蓙の上に座って、こちらに背中を向けている。数は十人近くいた。

男女らの前には、黒い法衣と袈裟を纏った僧侶が座して一心不乱にお経を唱えている。何を拝んでいるのかは分からない。

その光景を目の当たりにするや、麻衣さんの脳裏に思いがけない記憶が蘇った。

小さい頃、八千代さんから聞かされた、林間学校での怪談会にまつわる体験談である。怪談会のさなか、今自分が目にしているのと非常によく似た、雑木林の中で通夜を営む遺族たちの話があったはずである。これは奇怪な偶然だろうか？　それとも幻？

そこへ目の前の集団が、一斉にこちらを振り向いた。

いずれの顔にも目鼻口がない。異様に青白い顔面は、卵のようにつるんとしていた。

麻衣さんは悲鳴をあげると、踵(きびす)を返して走りだした。
背後から友人たちが「止まれ！」と叫ぶ声が聞こえても、構わず一直線に走り続ける。
果たして何が起きているのか。
頭は理解が追いつかなかったが、身体は逃げることを求めていた。
ほとんど全力失踪した甲斐あって、あっというまに木立ちを抜けて、視界が開ける。
安堵しかけた瞬間、視界がぐらりと揺らいで逆さになった。
続いて全身に凄まじい衝撃が走り、意識がふつりと途切れてしまう。

収斂

同じ日の午後、八千代さんの携帯電話に着信が入った。

相手は麻衣さんの女友達である。胸騒ぎを覚えて応じると、嫌な予感は的中した。

先ほど、麻衣さんがキャンプ場内の斜面から転落して、病院に搬送されたのだという。搬送先は現場からほど近い、千葉県南部の総合病院。娘は意識がないとのことだった。

この日、八千代さんはたまさかお盆参りで、佳乃子さんの暮らす実家を訪ねていた。事情を説明すると、佳乃子さんもみるみる血相を変えて、「自分も行く」と言いだした。電車とタクシーを乗り継ぎ、急ぎ足で病院へ向かう。

到着したのは、夕暮れ近くのことだった。救命外来の入口で娘の友人たちと合流する。意識は未だに戻っていないという。

娘はＩＣＵにいるとのことで、先導してもらいながら院内を進んでいく。

待合スペースを抜け、長い廊下へ入り、いくつめかの角を曲がろうとした時である。

突然、嗄れた男の叫び声が聞こえてきた。

「ふざけんな、この野郎！　偉そうに御託並べてんじゃねえ！」

「落ち着いてください。何もご心配はいりませんから」

男の激昂する声に交じって、女性の声も聞こえてくる。

角を曲がると、何かの検査室の前で、年配の男と数人の看護師が押し問答をしていた。男はぼさぼさの白髪頭で、浅葱色の病院着を着ている。足腰が悪いのか、歩行器を使って立っていた。銀色の輪っかが腹の辺りを囲んでいる。

ＩＣＵは、男と看護師たちがやり合っている向こう側にあるのだという。向かうにはどうしても、彼らの横を抜けていかなければならない。

「嫌だ。困ったね……」と八千代さんが声をかけると、佳乃子さんは男を凝視しながら小刻みに震えている。顔色もなんだか尋常ではない。

「大丈夫だから、そっと行こう」

諭すように促すと、ようやく佳乃子さんは歩きだしたが、視線は男に注ぎ続けている。「見ないで」と耳打ちしても駄目だった。

聞く気もないまま耳に入ってくる押し問答の内容は、検査に関する不満と拒否だった。男は検査を不当なものと断じ、看護師たちの対応も気に喰わないと喚いている。

娘の友人たちと緩い隊列を組み、男が喚き散らす廊下の反対側に貼りつくようにして、そろそろと忍び足で進んでいく。

そうするまにも男はますますいきり立ち、看護師の腕を掴んで思いきり引っ張ったり、止めに入った別の看護師の肩を押したりしながら、好き放題に怒声を撒き散らしている。

びくびくしながら、ようやく男のそばを通り抜けようとする時だった。

「てめえら、いい加減にしろ、この野郎！　全員ぶちのめしてやっからな！」

「アサクラさんこそ、いい加減にしてください！　暴言や暴力は容認できません！」

男の恫喝に応じた看護師の言葉に、八千代さんは思わずはっとなって背筋が震えた。

同時に佳乃子さんは「ぎえっ！」と調子の外れた叫びをあげて、仰け反ってしまう。

「なんだよ」

そこへ男が振り向き、目を血走らせながら佳乃子さんのほうへ向かっていった。

周囲が止めるより、男のほうが速かった。男はがらがらと歩行器を勢いよく滑らせて佳乃子さんに接近すると、力任せにがっしと両肩を掴んでしまう。

佳乃子さんは身を捩って抵抗したが、反動でバランスを崩し、男ともつれ合いながら激しく床へ倒れてしまう。男はそれでますます頭に来たらしく、「このアマ！」などと叫びながら歩行器からずるずると身を抜きだし、改めて佳乃子さんに襲いかかった。

「アサクラさん、やめてください！　アサクラさん！」

看護師たちが駆け寄って、佳乃子さんにしがみついたアサクラを引き剥がしにかかる。娘の男友達も「やめろ！」と叫んで、看護師の助太刀に加わった。

まもなくアサクラは取り押さえられ、追って駆けつけた警備員たちに連れていかれる。それでも狂ったように抵抗を続けるアサクラの姿は、揉み合いになった時の不可抗力で病院着の胸元が大きくはだけ、浅黒い皮膚に包まれた鎖骨と胸骨の細みを浮かせた輪郭が、蛇腹の線を描いて露わになっていた。

ひとまず大禍は去ったものの、八千代さんの気分は錯綜したままだった。

「アサクラよ。あのアサクラよ……。名前も顔をそっくりおんなじだった……」

傍らで震える佳乃子さんの言葉に、八千代さんもがちがちと歯の根を震わす。

その昔、他ならぬ母の口から直接から聞かされた、奇妙な夢の話が脳裏に蘇っていた。母の証言が正しければ五十年以上の長い年月を経て、当時の夢が現実化したことになる。

戸惑いながらも気分を落ち着かせるように努めていると、看護師に声をかけられた。

「大丈夫ですか?」

こちらの顔を覗きこんできたのは、同年代の看護師だった。どこかで見た顔だと思う。記憶を探り始めてまもなくはっとなり、名前が勝手に口からこぼれる。

「多希子ちゃん?」

すると彼女も瞳を震わせ、「八千代ちゃん?」と返してくる。

小学時代、林間学校の怪談会で「竹藪婆」の話を披露した、あの多希子ちゃんである。訊けば五年ほど前からこの病院に勤めているのだという。

幸い、佳乃子さんに怪我はなかった。気を取り直してＩＣＵへ向かう。

医師の説明では、麻衣さんの意識は未だに戻らないものの、生命に別条はないという。脳や脊椎に損傷はなく、肋骨と両脚を骨折しているとのことだった。

許可をもらって様子を見にいくと、娘は傷だらけになった顔で寝台に横たわっていた。声をかけても返事はなく、代わりに目蓋がひくひくと痙攣するように動いた。

森の中で不審な喪服の一団を目撃した。そんな話を娘の友人たちから聞かされたのは、面会を終えたあとのことだった。その場に居合わせた全員が、はっきり見たのだという。

八千代さんにとっては、追い打ちを喰らうかのような証言だった。眩暈を覚える。

喪服の一団は麻衣さんが斜面を転落したあと、いつのまにか姿を消したようだという。読経の声もすっかり聞こえなくなっていた。救援に駆けつけたキャンプ場の関係者や救急隊員らも、誰一人としてそんな連中を見かけた者はいないとのことだった。


それから二日後、麻衣さんは無事に昏睡から目覚めた。

経過は順調で後遺症も残らなかったのだが、入院中は何度も悪夢に悩まされたという。それは大昔、佳乃子さんが見ていたのと同じ、異形のアサクラに追われる夢だった。

以後は特に怪しいことは起こっていないのだけれど、祖母、母、娘の三世代にわたってありえない繋がりを見せた一連の怪異は、果たしてなんのために起こり得たものなのか。原因も道理も分からないままであるため、未だに気味が悪くて堪らないそうである。

ちなみに麻衣さんが転落事故を起こしたキャンプ場は、八千代さんが小学時代の夏に林間学校を催した施設から、ほど近い距離にある。

さらには麻衣さんが救急搬送された病院はその昔、佳乃子さんの実家があった場所に立っていたのだという。

奇遇

筆者である私がこうした話を聞き得たのは。二〇一六年のことである。

仕事で都内へおもむいた折に、三名の当事者全員の口から直接聞かせていただいた。

話の内容や顛末自体もさることながら、私が密かにもっとも気味が悪いと感じたのは、異様な偶然の一致だった。

私も以前、アサクラという老人に追われる夢を見たことがあるのだ。

佳乃子さんたちから話を聞き得る十年以上も前、私が二十代半ばぐらいの頃だと思う。やはり夕暮れ時とおぼしき病院内で、私はアサクラにさんざん追い回されるのだけれど、佳乃子さんの夢とは違って、院内は完全に無人である。廃病院だったのかもしれない。

また、アサクラという名前は、私の意識の中で「朝倉」という漢字が当てられていた。人相については照合しようもないが、容姿については若干異なることが分かっている。

私の夢に現れた朝倉は縦縞模様の入った水色の浴衣姿で、下半身はステレオタイプな幽霊よろしく、足の代わりに尻尾のような波形を描いてふらふらと揺れていた。

朝倉は、必死になって逃げ回る私をつかず離れずの微妙な距離を保ちながら追い続け、最後には私の前に瞬間移動してきて、目と鼻の先まで迫ってくる。

こんな具合の夢だったのだが、その後は特に身辺で怪しいことが起きたわけではない。同じ夢を見ることも二度となかった。

話を聞き終えたのち、佳乃子さんたちに事情を説明すると、ひどく気味悪がっていた。「アサクラとは何者なんでしょう?」などとも尋ねられたが、話の顛末までを鑑みれば、アサクラというのは病院で暴れていた、生身の老人ということになる。

佳乃子さん、八千代さん、麻衣さん、三人の奇怪な体験談を一から順を追って反芻し、あれこれと考察を試みてはみたものの、結局合理的な解釈を導きだすには至らなかった。

結果論として分かったことは、佳乃子さんは二十代の若かりし頃、五十年以上も先に自分を襲う暴漢の顔と名前を夢の中で知り得ていたということ。

そして八千代さんが昔聞いた怪談話の一場面が、娘の代で再現されたということ。

以上の二点のみである。

夜馬裕

最期の五秒

私の知り合いに、酒場で通称「イカリ姉妹」と呼ばれる一卵性双生児の姉妹がいる。

二人の名字が「イカリ」なのは間違いないが、正しい表記が「碇」なのか「猪狩」なのか、はたまた「伊刈」や「伊狩」なのかはわからない。

何の差し支えがあるのかわからないが、尋ねても決して教えてくれないからだ。

ただ、名前のほうは知っている。


姉が希理子（きりこ）で、妹が梨香子（りかこ）。

どちらも大変整った顔で、背は高くて手足はすらりと長い。二人とも普通の会社員だが、初対面の人からは「モデルさんですか？」と真顔で言われるほどスタイルが良い。

双子だけあって顔の造形は似ているが、性格がはっきり違うので、服装や化粧など見た目の雰囲気で区別がつく。

姉の希理子さんは、あまり感情を顔に出さず、言葉を選んで会話する理知的なタイプ。頬の輪郭に沿った黒髪のショートボブ、くっきりしたアイライン、意思の強そうな表情。まるでハリウッド映画に出てくるアジア系ヒロインのようなスタイリッシュさである。

一方、妹の梨香子さんは、喜怒哀楽で表情がくるくる変わる、会話上手で社交的なタイプ。明るい髪色で毛先の柔らかいセミロング、派手さを抑えて可愛く見せるメイク、人懐こい表情。こちらはオフィスの男性人気を一身に集めていそうな正統派美人。

双子でありながら見た目も性格も異なるが、やはり通じ合うところが多いのか、姉妹の仲は大変に良く、二人とも酒好きということもあり、連れ立って酒場巡りを趣味にしていた。

私が怪談師と知ってからは、幾度か怪談会にも足を運んでくれたので、さては怖い話、怪異の話が好きに違いないと踏んで、酒場で会う度にそれとなく水を向けてはみるのだが、いくら「不思議な体験はありませんか?」と訊いてみても、二人は意味ありげに目配せをするばかりで、知り合ってから数年間、一度も体験談を聞かせてもらう機会はなかった。

そんなわけで、珍しく一人で飲みに来ていた梨香子さんから、「今日はお姉ちゃんがいないからこっそり内緒話をしちゃうけど、私に超能力があると言ったら信じる?」と言われた時には驚いた。

「もちろん！」と勢い込んで返答した私に対し、梨香子さんは「即答は適当と同じだよ」と笑いながら、自身の持つ不思議な力について語りはじめた。

私ね、もうすぐ亡くなる人の最期が視えるの。

予知能力なのかな？　といっても、たいした力じゃないのよ。

頭にビジョンが浮かぶんだけどね、条件は三つあるの。

まずは、もうすぐ亡くなる人。だいたい数日以内かな。

次に、親類縁者とか友人知人、それもある程度関係性の近い人限定。

逆に言えば、関わりの深い人であれば、たとえ地球の反対側に居たとしても、まるで煙のようにふわふわっと、亡くなる時の情景が頭の中に浮かんでくる。

そして何より、視えるのは死の間際、「最期の五秒間」だけ。

死ぬ瞬間が視えるなんて言うと、凄そうな能力でしょ。

でも実際には、たいして役に立たないのよ。

視えるビジョンって九割が病死なの。あと数日で亡くなる病気って、ほぼ末期の頃だから、もうすぐ亡くなるのがわかっている状態で、最期の五秒が視えても意味がないわけ。

役に立つのなんて、喪服をクリーニングに出しておこうとか、香典を用意しておこうとか、弔う準備を事前にしておけることくらい。

それにラスト五秒しかないから、急死や事故死でも、どういう状況で起きたかとか、そこに至る因果関係もわからないことが大半で、防ぐことなんてまずできない。

だいたいよほど深い付き合いじゃないと、この能力を信じたりしないから、事故の瞬間が視えたとしても、「これから数日間、運転には気をつけて」とか伝えても無駄なのよ。

お姉ちゃんや付き合いの長い友達は信じてくれるけれど、だからといって、予知の内容を教えて良い結果になるとは限らなくて。

たとえば、二年前、友達が床に倒れて頭を抱えているビジョンを見たの。

友達は私の予知能力を知っていたから、「たぶん脳卒中とか脳梗塞になる」と伝えたら、それからしばらくの間、常に誰かが近くに居てくれるように、めちゃくちゃ用心したのよ。

実際、脳卒中で倒れても、一緒に居た人がすぐに救急車を呼んだから、一命は取り留めたんだけど、結局、酷い後遺症が残っちゃって。

重度の左半身麻痺になって、がんばってリハビリしても障害は残ったままだった。

久しぶりに会った時、「助けてくれた梨香子ちゃんにはゴメンだけど、やっぱり運命通りに死ぬべきだった。仕事も恋人も生き甲斐も失くしちゃって、人生の希望がひとつもない」って、暗い顔で言われちゃって……。

数日後、その友達がベッド柵に紐をかけて首を括っているビジョンが視えた時には、もう誰にも言う気が起きなかった。

そんなことが何度かあったから、最期の瞬間を視ても、滅多に人には伝えないの。

本人のためにならないことがほとんどだから。


でもね、半年前、すっごく奇妙なビジョンを視たの。

顔にプロレスラーが付けるようなマスクをした人が、こちらを向いたまま、よろめくように車道へ飛び出して、走って来たトラックに跳ねられる。

身体つきからして男の人なのはわかるけれど、覆面なんてしているから、誰なのかまったくわからない。でも最期を予知しているから、知り合いなのは間違いない。

自殺には思えなかったから、これは防げる事故だと思った。

だから、「こんなデザインのマスク持ってる?」と、イラストを描いて知り合いに確認して回ったんだけど、誰も持っていなくて。

状況からして、プロレス観戦の前後なのかな、とか思って好きそうな人にも確認してみたけれど、あと半月以内に観戦予定がある人もいなかった。

もちろん、知り合いに本物のレスラーなんていないし、芝居や余興でマスクを付ける予定のある人もいなくて。がんばったけれど、どうしても防ぐことができなかったの。

結局ね、お姉ちゃんの彼氏がデート中、トラックに轢かれて、目の前で死んじゃった。

とても風の強い日でね。

彼氏がタクシーを拾おうとして道路脇から身を乗り出した時、突風で飛んできた玩具のマスクが顔に貼り付いて、思わずよろけてトラックの前へ飛び出してしまった。

警察が彼氏の親に伝えたところでは、マスクは量販店で売っているような仮装用のペラペラしたもので、近くにある陸橋か高台の公園から、強風に煽られて持ち主の手を離れて飛んで来たところに、運悪く居合わせたのではないか、という結論だったみたい。

多少がんばってみても、やっぱり予知した最期の五秒は変えられないんだよね。

どう？　私の役に立たない力の話。別に信じなくてもいいけど。

「凄い話ですね……。いや信じますよ。それに梨香子さんは十分にがんばったので、気を落とさないでください。希理子さんのほうは、目の前で恋人が亡くなってお気の毒ですが……」と私が励ますつもりで言うと、梨香子さんは「お姉ちゃん？　あの人は大丈夫だよ。最初からわかってるんだから」と、あっけらかんとした口調で笑った。

お姉ちゃんはね。私なんかよりずっと強い力を持っているの。

あの人はね、直接身体に触れるだけで、人の考えが読めるんだよ。

嫌がられるから、私以外には、考えが読めても絶対に口に出さないようにしてる。もちろん彼氏に対しても。でも言わないだけで、彼氏が浮気しまくってるのはわかってた。

それにしてもアイツ、お姉ちゃんみたいないい女と付き合って、よく平気で浮気できるよね？

いやマジで、死んで当然だと思うよ。

たぶん、「誰か心当たりいない？」と私がマスクの話をした時、お姉ちゃんは「コレだ」と思ったんじゃないかな。

私の予知が絶対なのは知ってるから、お姉ちゃんは同じマスクを用意して、その時が来るのを待っていたんだと思う。

少し離れた場所で、彼氏がタクシーを拾おうとしている。

とりわけ強い風が、高台から吹き付けてくる。

その瞬間、鞄かポケットからマスクを取り出して、そっと手を離す。たったそれだけ。

たとえ誰かに見られても、不慮の事故としか思えない出来事。

ホント、お姉ちゃんには敵わないよ。


梨香子さんは話し終えると、可愛らしい笑窪をつくってにっこり笑った。

一方私は、「そういえばお姉さんは、乾杯をした後や怪談会へ来た時、必ず別れ際に握手を求める人だったな……」ということを思い出し、すっかり震え上がった次第である。

匂い雛

幼い頃、雛(ひな)祭りが怖かった。

女雛からは未来の匂いがして、男雛からは過去の匂いがする。

そう伝えると祖母は私の頭を撫でながら、「女は将来の巣を作り、男は過去に縋(すが)るからや」と優しく微笑んだ。

でも私は、どちらの匂いも嗅ぎたくない。

いずれにせよそれは、死の匂いであるからだ。


幼い頃、立て続けに両親を亡くした私にとって、唯一の肉親は母方の祖母だった。

家の中でも普段から凛(りん)とした着物姿で、料理をする際は割烹着(かっぽうぎ)、就寝時は木綿の寝間着と、一日中和装で過ごす。洋装姿の祖母など、終ぞ見た記憶がない。

祖母の家は古い平屋の木造建てで、台所や洗面所などの水回りを除いて、畳敷きの和室しかなかった。当然、テーブルに椅子ではなく、座卓に座布団の暮らしである。

孫の私にまで和装を強いることはなかったが、躾(しつけ)に大変厳しい人だったので、幼い子どもであっても、家の中では正座しか許されなかった。

幼い私には、慣れるまでこれが一番辛く、こっそり足を崩すところを祖母に見つかると、たとえお絵描きをして遊んでいる最中でも、「行儀のない子は、おらんでええ」と冷たく一喝され、いくら泣いて謝っても、「暗い所で朝まで寝とき」と、電気の点かないお仕置き部屋へ閉じ込められた。

このお仕置き部屋は、普段は物置として使われており、床は固い板張り、窓はなく、空調もないので、夏は暑くて冬は寒い、空気の澱んだ真っ暗な三畳程の小部屋だった。

壁に積み上げられた荷物の前には、一畳ほどの空きが作られており、そこには常時、私専用の黴臭い布団が敷いてあって、祖母の機嫌を損ねる度に、ここで朝まで過ごさせられた。

ここまで話すと、まるで虐待されていたように思われそうだが、実際のところ、祖母は躾や決まり事に厳しいだけで、妥協のない性格ではあったが、孫を可愛がり、愛情を注ぐ場面もたくさんあった。それに、きつく叱りもするが、たくさん褒めてくれる人でもあった。

最初こそ怖くて辛かったお仕置き部屋も、次第に慣れてくると、正座をせずに寝転がれるし、鼻歌を口ずさんでも叱られないので、逆に気楽さすら感じられるようになった。食事は禁止だが、部屋の前に水差しとコップを置いてくれるので、喉の渇きに苦しむことはないし、トイレは禁じられていないので、そのついでに少し身体を伸ばすこともできる。

それでもお仕置き部屋が厭だったのは、壁際に積み上げられた、雛人形を納めた木箱のせいだった。人形や装飾品の種類ごとに箱が分かれているのだが、一対の内裏雛を納めた木箱からは、時折、ひそひそと囁くような物音がする。不審に思い木箱を開けても、そこには年代物の女雛と男雛が入っているだけで、音が出そうな物は特に見当たらない。

怖くなり祖母にそのことを伝えても、「あんたの気のせいやろ」とまるで相手にしてもらえなかったが、何故か口元は緩み、嬉しそうな表情をしていたので、幼心にうっすらと気味が悪く感じられ、祖母に対してこの話題は避けるようになっていった。


雛人形から匂いがしたのは、私が十歳の時。

正月、節分、初午、彼岸、端午の節句、七夕、お盆など、年中行事を欠かさない祖母だったが、とりわけ大切にしていたのが桃の節句の雛祭りで、これだけは三月三日だけでなく、四月三日の旧暦の雛祭りも併せて年二回行った。

いつもは気味悪く感じている雛人形だが、いざ居間へ並べてみると、高さ一メートル程の立派な五段十七人飾りであり、装飾品には金蒔絵や螺鈿細工が施され、最上段には金箔貼りの屏風と、艶やかな着物を纏った女雛と男雛が置かれており、大変に豪華な造りである。

私もこの日は綺麗な着物を祖母に着付けてもらい、華やかに飾り付けられた雛壇の前で、料理上手な祖母のちらし寿司を好きなだけ食べることができた。満腹のあまりつい眠ってしまったこともあったが、叱られることもなく、気づくと毛布が掛けられていた。

だから幼い私にとって、雛祭りは良いことしか起こらない日で、毎年楽しみにしていたのだが、十歳で迎えた旧暦の雛祭りの日から、すべては一変してしまった。

雛人形は、祖母が前日の夜に並べはじめ、当日の朝までに綺麗に飾り付けてくれる。

毎年、居間へ入る瞬間を楽しみにしていたのだが、この日は襖(ふすま)を開けた途端、何とも言えない変な匂いが、ふわっと鼻先を掠めた。

まず感じたのは、花のような、濃厚で甘い香り。

そして、香りの奥にある、酸っぱくて生臭い腐臭。

まるで果実が腐ったかのような、甘美と嫌悪を掻き立てる匂い。

居間へ足を踏み入れると、匂いはいっそう強くなった。

この匂いは、いったいどこからするのだろう。

一歩進む度に、ますます匂いがきつくなる。

どうやら、匂いの元は雛壇のようである。近づいてみると、この不思議な匂いは内裏雛から漂ってきているようだ。

そう思った次の瞬間、脳内に鮮明な映像が浮かび上がった。

苦悶の表情で喘ぐ中年の女性。これはきっと、隣に住んでいる人だ。

周囲には人が集まって、皆口々に何かを叫んでいるけれど、音はまったく聴こえない。

女性の背中にはブロック塀がある。お腹のあたりには、車のボンネットが見える。

どうやらこれは交通事故だ。塀と車に挟まれて、上半身が千切れそうになっている。

やがて女性は白目を剥き、全身を一度大きく揺らした後、ぐったり動かなくなった。


突然場面が変わると、今度は色が失われ、モノクロの映像に切り替わった。

どうやら病室のようだ。ベッドの上に女性が横たわり、顔には呼吸器をつけている。

側には心拍数や血圧を表示する機器が並んでいる。

写真でしか記憶がないけれど、あれは母親ではないだろうか。

脇に立って手を握っているのは、祖母に違いない。

母親の耳元に顔を寄せて、優しい笑顔で何か囁いている。

所在なさげにベッドの前を行き来しているのは、やはり写真で見た父親だ。

暫くすると母親の全身が幾度も痙攣し、医者や看護師らしき人たちが集まると、何か必死に処置を施しているが、ベッド脇の心電図は直線で止まったまま変化しない。

やがて映像は徐々に薄れ、次第に目の前が暗くなっていく——。


気づくと私は、元通り雛人形の前に立っていた。

もう映像は見えないし、匂いもしていない。

ただ、私の様子から何が起きたのか理解したのだろう。

満面の笑みを湛えた祖母が、「それはな、穢れを見通す眼や」と嬉しそうに言った。

祖母に言わせれば、雛人形は七代前から代々受け継がれてきたもので、女雛には徳の高い尼僧の魂が、男雛には霊験あらたかな僧侶の魂が籠められているのだという。

今の雛人形は宮中貴族の婚礼の様子を模しているといわれているが、雛祭りの元となった雛流しの行事では、人の代わりとなる形代として用意された流し雛へ、一年の災厄や穢れを移し替え、それを川へ流すことで無病息災を願ってきた。

「形代はな、人の形をした依り代のことや。神様や霊を降ろす器になる。ウチの家に伝わる雛人形は、徳の高い僧侶の力を内裏人形に籠めた、由緒正しい『守り雛』なんや」

そして、男雛が見せるのは「過去」に起きた死の穢れであり、女雛が見せるのは、過去の穢れを祓うために「未来」に送られていった死の穢れだという。

「ウチの家系の女はな、雛祭りの日に、死の穢れを祓う力があるんや。過去に誰かが死ぬと穢れが憑くんやけど、未来に亡くなる人の姿を見ることで、その穢れを祓えるんよ」

祖母に言われた意味が理解できたのは、それから半月ほどして、隣に住む女性があの日に見た通りの事故で亡くなってしまった時だ。

怖がる私の頭を撫でながら、祖母は「大丈夫や。これでウチらに憑いた過去の穢れは祓われとる。一年間、安心して暮らせるで。今回の穢れは、また来年祓ったろうな」と愉しそうに微笑んだ。

その日から、厳しかった祖母の躾は少し緩くなった。余程のことをしなければお仕置き部屋へ閉じ込められなくなったので、今にして思えば、あれは私の血筋に眠る特別な力を呼び覚ますため、何かと理由を付けては雛人形の近くで過ごさせたかったからだろう。


翌年も、私は死の匂いを嗅いだ。

三月三日、新暦の雛祭りの日には、すでに甘く腐敗した匂いが漂いはじめていた。

そのまま雛人形は仕舞われずに居間へ置かれ続け、匂いは日増しに強くなっていく。

そして四月三日、旧暦の雛祭りの日、祖母は嫌がる私の手を引いて雛人形の前に立たせると、

「ほれ、去年の穢れを祓って未来へ送ってやり」と、有無を言わせぬ口調で言った。

幼い心には、この「穢れ」という言葉が怖かった。

祖母と私、二人しか居ない家族のことなど、すぐにも喰らい尽くてしまいそうだ。

だから私は雛壇の前に立ち、まず男雛の前に顔を寄せると目を瞑り、腐った匂いを嗅いだ。

すると昨年見た、隣家の女性が亡くなる光景がモノクロの映像で浮かび上がってくる。

おそらくはこれが過去の匂い、死の穢れなのだろう。

今年は先送りしたこの穢れを、また未来に向けて祓わなくてはいけないのだ。

私は女雛に顔を向けると、今度は甘い花の香りを鼻腔いっぱいに吸い込む。

すると鮮やかな画が蜃気楼のように像を結び、学校の担任教師がパジャマ姿で現れた。

人前だと緊張してしまう私を、「はっきり喋れないの?」と冷たく鼻で笑う、いつものきつい涼子先生ではない。泣き腫らした目を袖で拭いながら、輪になったタオルをベッドの支柱にかけ、緩慢な動作で脇に座ると、輪に頸を通して、ゆっくりと体重を支柱へ預けていく。そのまま涼子先生は、何度か小さく痙攣しつつ、泣き疲れて眠るように動かなくなった。

翌日学校で会った涼子先生は、受け答えのボンヤリした私に対し普段通り厳しかったが、それからひと月後、自宅で首を吊って亡くなった。

学校側から正式な発表はなかったが、人の口に戸は立てられない。教員や保護者が噂する中で、不倫関係にあったとされる妻子持ちの教頭が、追われるように学校を去った。

再び予知通りに人が亡くなったので、私は酷く怯えたが、祖母は「大丈夫、大丈夫」と私を優しく慰め続け、「ばあちゃんもな、ずっと視えとったんやで。家族のために、毎年穢れを祓い続けたんや。せやけどこの力は、六十歳の還暦を迎えたら失われてしまう。もうばあちゃんには穢れを祓うことはできんから、アンタがこれから先無事に暮らせるか心配やったけど、自分で自分の穢れを祓えるようになったんや。たいしたもんやで」と言って抱き締めてくれた。

それからも毎年、私は雛祭りを迎える度に、去年見た誰かの死と、これから亡くなる身近な誰かの死を予見し続けた。

知っている人間の死は辛い。できれば見知らぬ誰かの死で済ませたかったのだが、予見できるのは、私が知っている、交流したことのある人に限られていた。

そして、私の予見する力は年を追うごとに強くなっていった。

三年目からは、旧暦の雛祭りが来る前に映像を視るようになり、とうとう五年目の十四歳からは、雛人形を出した三月三日から映像が頭に浮かぶようになった。

祖母はそんな私のことを、「思った通り、あんたは特別な子や」と嬉しそうに褒めてくれたが、私が人の死を鮮明に見ても耐えられたのは、どこか他人事に感じていたからだ。

そして六年目、中学三年生の雛祭りの日、私は仲良くしている同級生の二人が、卒業式の日に事故で亡くなる姿を視てしまった。

高台にある学校の通学路には、大きな急カーブの坂道がある。

友達二人が、卒業証書の入った筒で互いを小突き、じゃれ合いながら坂道を下っていくのだが、ちょうど急カーブへ差しかかったところで、減速し損ねた車が突っ込んできて、二人を掠めるようにガードレールへ衝突した。

その衝撃で、友達の一人が大きくよろめき、ガードレールを越えて落ちていく。

咄嗟(とっさ)にもう一人が手を伸ばしてそれを支えようとするのだが、二人は抱き合うようにしながら身を回転させ、頭からガードレールの向こうへ姿を消した。

映像はここで終わったが、私にはその後どうなるかわかっている。

道路は山に沿って作られており、ガードレールの先は切り立った崖なのだ。

私ははじめて、予見した未来を変えたいと思った。

祖母には「視てしまったものは無理や」と首を振られたが、だとしたらこんな力、いったい何の役に立つというのか。

これまでと違い、手に持った卒業証書のおかげで、日付は明確にわかっている。

あの坂道を通らなくても、遠回りにはなるが帰ることはできる。

友達にこのことを伝えて、悲惨な事故を防がなくては。

そう思って私は、次の日に早速、二人に自分の視た映像を伝えた。

親友だった二人には、私が人の死を予知できることを教えている。だから信じてくれるはずだと高を括っていた。

でも、タイミングが悪かった。友人の元彼氏のことが好きになり、一週間ほど前、もう別れているなら卒業前に告白して良いかとと聞いたところ、二人から「ありえへん」「キモすぎ」と非難され、口喧嘩の末、ここ数日はまともに口を利いていなかったのだ。

「私の元カレと付き合いたいとか、キモい発言にワビ入れるんならともかく、ウチらが死ぬとかアンタ何言ってんの？」

「前から思っとったけど、雛祭りに予知するとか、頭イカレとるやろ！」

二人からは散々に罵られ、その喧嘩の様子を見た同級生たちからも、卒業を目前にして、私は「ヤバくて痛い奴」というレッテルを貼られてしまった。

結局、どうすることもできないまま卒業式を迎え、二人は予見通りに転落死した。
訃報を聞いた私が、「助けられなかった」と大泣きする姿を見て決意したのだろう、その夜、祖母から「大事な話がある」と切り出された。

子どもやから内緒にしとったけどな、これはただの予知やないねん。
なんもかんも、アンタが引き起こしとるんや。
嫌いな人、腹の立つ人、そういう相手はな、雛祭りに未来視した通りに亡くなるんや。
これまでのことぜーんぶ、雛人形となって、アンタ自身の力でやっとんねん。
視た通りに人は死ぬ。そして、穢れとなって本人と家族の元に返ってきよる。
普通やったらそんな恐ろしいもん、こっちの命も危ないやろ。
でもな、ウチの血筋はその穢れを別の相手に向けることができんねん。
なんや、怖いか？　せやけどこれは、もの凄いことやで。
よう考えてみい。絶対、自分にかからへん呪いを、自由に使いこなせるんや。
これからの先の人生、アンタの邪魔をする人間はみーんな消せるで。
ウチの家の女たちは、この力と、形代になる雛人形を大切にしてきたんや。

そう祖母に言われて、突然のことに私は混乱した。

嘘だ嘘だ。私の予見で、人の命が奪われたなんて。

でも、振り返ってみれば合点がいく。

十歳の時、初めて視た隣家の女性は、犬の鳴き声が煩(うるさ)いと祖母が頻繁に注意していたせいで、祖母だけでなく私のことまで敵視しており、道ですれ違うと、両親の居ない私に向かって「ババアと暮らすみなしご」「お前らもさっさとあの世へ逝け」などと、唾を飛ばしながら意地悪く怒鳴ってきた。

十一歳の時は、担任の涼子先生。内気な私は標的にされ、いつも叱られていた。

十二歳の時は、友達の母親。かなりの資産家で、庭付きの立派な家へ遊びに行くと、その度に玄関へ迎え出る母親から、「ヤダわあ……もう少しちゃんとしたおうちの子と仲良くできないのかしら」と、聞こえよがしに嫌味を言われていた。

十三歳の時は、同級生の男の子。私は髪の毛の色素が薄く、地毛が薄茶色なのだが、いつもそのことを「校則違反」とからかわれ、逆らったり言い返すと、「うるせえよ茶色い猿みたいなブスのくせに」と、机を蹴られたりノートを破られたりした。

十四歳の時は、親戚の男性。法事や親戚の集まりで会うと、いつも不躾(ぶしつけ)な態度をとられるのだが、こともあろうに母親の十三回忌の会席で、酒臭い息を吐きながら隣に座ると、「かあちゃん似で、いい女になってきたなあ」と私の肩を抱き、胸や太ももをベタベタと触ってきた。

「やめてください！」と悲鳴を上げても、周囲の大人は「すっかり酔っちゃって」などと軽い調子でしか諌めず、本人も悪びれずに「一人前のオンナ面しやがって。生意気なクソガキが」と鼻で笑った。

でも、死んで欲しかったわけじゃない。嫌なことを止めてほしかっただけだ。

そんな普通のことを願うだけで、人の命が奪われてしまうというのか。

私が茫然とする横で、祖母は満足そうにして、「自分を誇りに思っとき。アンタは特別な子や。一度にまとめて二人なんて、ばあちゃん初めて聞いたわ」と笑っている。

でも私は、祖母の言葉で気づいてしまった。過去の穢れは、決して祓われてはいない。力を使えば使うほど、この呪われた血筋の奥底へ、そして誰かの魂を閉じ籠めたという哀れな内裏雛の中へと、徐々に徐々に、澱のように溜まっていくのだ。

ひとつ前の過去を見るのは、それが新鮮な呪いとして、まだ強く残っているからだろう。

新しい呪いをかけるには、直近の呪いが使いやすいだけだ。

それでも足りなければ、沈殿した古い呪い、過去の穢れも使わなくてはいけなくなる。

その証拠に、二人分の死を予見したからだろう、今回の過去視は二つあった。

ひとつは去年の雛祭りに視たものだが、もうひとつは初めて視る映像で、それは布団の上で息を引き取る父親と、それを傍らで見下ろす陰惨な表情の祖母だった。

今ならわかる。あれは祖母の呪いで死にゆく直前の父親の姿だ。

おそらくは母親も、祖母がかけた呪いで、命を落としたのだろう。

よく考えればわかることだ。最初に私が視たのは母親の臨終だったが、あれが過去の呪いで引き起こされたというのなら、やったのは祖母しかいない。

母親の手を握る祖母の優しげな微笑みは、慈愛ではなく我欲の現れだったのではないか。

「ねえ、おばあちゃんがママとパパを殺したの？」と尋ねると、私が何かに気づいたことを察したのだろう、祖母は深く溜め息をつき、言葉を選びながらぽつぽつと語りはじめた。


アンタの母さんはねえ、ウチの女たちが代々受け継いできた、この力を拒んだんよ。

どんなにきつく叱って折檻しても、絶対に雛壇の前に立とうとせんかった。

無理強いしたら、雛人形全部壊してやるって言いよるから、ばあちゃんも諦めたわ。

普段はぼやーっと無口なくせに、いざとなると頑固なんはアンタとよう似てる。

高校を卒業したら家を捨てて、さっさと都会に出て行きよった。

でも人生は厳しいことばっかりや。ままならんこともぎょうさんある。

ばあちゃんも色々あって、若い頃はえらく貧乏してな、この力がなかったら、家も雛人形もみーんな手放して、どこぞで野垂れ死んどったかもしれん。

母さんもどこかでそれを悟って、この力を継いでくれると思ってたんや。

せやけど、つまらん男と結婚して、ますますこの家に寄りつかんようになった。

すまんね、アンタのパパの悪口言って。

でもな、あの男、「僕はどんな風習かは詳しく存じ上げませんが、家に代々伝わる古めかしい因習を妻に押し付けるのはやめてください」とか、偉そうに言いよるんや。

前にも言ったやろ。還暦を迎えたら、もうこの力は使えんようになる。

あと数年しかなくなって、ばあちゃんホンマに焦ったわ。

このままやったら、ご先祖様に申し訳が立たん。

せやから決めたんや。あんな薄情なのはもう娘とは思わへん、孫のアンタに力を受け継いで貰うために、最後の力で二人とも消したろ、って。

一族の力を守るために、家族に犠牲になってもらったんや。

でもな、これもみーんなアンタのためやで。わかるやろ。


本人なりの正義を貫いたつもりなのだろう。話し終えた祖母の表情に曇りはない。

でも私は、この力を有難いとはまるで思えなかった。

両親を殺し、友人を殺したこの呪いは、これからも私の弱く汚れた心に従い、たくさんの命を奪いながら、次の代へと降り積もった穢れを引き継いでゆくに違いない。

私はあまりのおぞましさに、眩暈(めまい)すら覚えながら、ただ身を震わせるしかできなかった。

翌年の雛祭りの日。私は初めて、自分からこの力を使った。

前日からずっと、強く強く念じ続けて、雛壇の前に立つと、甘い香りの向こうに、胸を押さえながら倒れたきり、動かなくなる祖母の姿が見えた。

そして同時に、過去に引き起こされた無数の死が、白黒の映像で再現され続け、私は深い穴へと落ちていくように、次第に視界が狭くなり、そのまま意識を失った。

雛壇の前で気づくと、電気を点けていない居間は真っ暗で、もう夜の十時になっていた。

すぐ側では、かっと目を見開き、着物の胸元を握り締めた祖母が、息絶えて倒れている。

見上げる雛人形からは、もう何も感じられなかった。


私が消して欲しいのは、血筋に伝わるこの力そのもの。

祖母も、私も、内裏雛も、この恐ろしい力の源になる魂をすべて消して欲しい。

そのためには、受け継がれ、降り積もってきた、穢れのすべてを使って欲しい。

私はどうなってもいい。たとえ命を落としても構わない。

祖母を道連れにして、地獄へ行く覚悟だってある。


願いが通じたのだろう。祖母の魂と共に、内裏雛の中に籠められた何かも消え去った。

もしかすると血筋より、内裏雛そのものに特別な力があったのかもしれない。

祖母が亡くなったので、通っていた高校は中退せざるを得なくなり、今は遠縁の親戚の家に身を寄せながら、飲食店でアルバイトをして学資を稼いでいる。

親戚の厚意で、通信制だが高校の勉強は続けており、人より遅くなるかもしれないが、いずれは貯めたお金で大学にも通いたい。

私は祖母を殺すことで、家族の呪いを解いた罪深い人間だが、「あの力さえあれば」と後悔することのないように、せめてくじけることなく生きていきたい。

これは一九九八年の春、匂いがしない最初の雛祭りを迎えた、十七歳の真知子さんから聞いた話である。年齢より遥かに大人に見える真知子さんと、当時大学生だった筆者は、全国展開していた某チェーンの飲食店で、一緒にアルバイトしていたことを付記しておく。

天女の願い事

「私の実家の裏山には、願い事を叶えてくれる天女がいたんです」

そう語りはじめたのは、佐和子（さわこ）さんという三十代の女性。

話を聞かせてもらうために待ち合わせた喫茶店へ、「こういう時に、何を着ればいいのかわからなくて……」とシンプルな紺のスーツ姿で現れた佐和子さんは、痩身で小柄、黒髪をすっきりとしたショートボブにまとめており、衣服から化粧まで、簡素な清潔感を強く出している。緊張して伏し目がちな様子から、人との会話が得意ではない印象を受けた。

果たして話を聞いてみると、佐和子さんは思春期を迎えた頃から周囲と上手く馴染めなくなり、中学二年生の春から、短期的な不登校を繰り返していたそうである。

両親は社交的な性格で、「二人の子どもなんだから、頑張れば元気で明るくなれるよ」と励ましてくれるのだが、その度に「わかってもらえない」と暗澹たる気持ちになってしまう。

不登校を繰り返す内に周囲の目は険しくなり、他人との距離はますます拡がっていく。

冬休みを挟んだ三学期からは、まったく登校する気力が湧かなくなってしまった。

両親は自室から出ない娘を心配して、一緒にスポーツをしよう、家族旅行へ行こうなどと懸命に誘ってくれるのだが、誰にも会わず一人の世界で過ごしたい佐和子さんは、お節介を焼く両親に激しく反発し、ついには親子の会話すら途絶えてしまった。

どう接していいのかわかず、万策尽きた両親は、母親の姉にあたる朋子(ともこ)伯母さんに連絡し、「自然豊かな所で、しばらく娘を預かってくれ」と頼み込んだ。

この伯母は、山の麓にある生家で、ずっと独身を貫いたまま、他人を避けるように一人暮らしを続けており、畑の野菜を食べながら、半ば自給自足のような生活を送っている。

心配する母親に対しても「放っておいてくれ」と言うばかりで、他人の意見は一切聞き入れない。地元でも頑固な変わり者として扱われているようだった。

都会に憧れて、山深い故郷を飛び出し、仲間や友人を大切にする社交的な母親とは、これでも姉妹かというほど性格が異なり、当然の如く二人の折り合いはあまり良くなかったが、佐和子さんはこの気難しい伯母のことが何故か好きだった。

そのことを母親もわかっていたのだろう。伯母は変人だが根は優しい。都会を離れ、自然豊かな場所で過ごすほうが、今の佐和子さんには良いと思っての決断であった。

慣れない生活に不安はあったが、三学期は学校へ行かなくて良いことを条件に、佐和子さんは両親の提案を受け入れて、春休みが終わるまでの間、伯母の家で暮らすことを決めた。

バッグひとつを抱えて、不安そうに訪れた佐和子さんのことを、伯母は言葉少なに、でも温かく迎え入れ、そこから春休みが終わるまでの約二か月間、余計な心配や励ましは何ひとつ口にしないまま、畑の野菜で作る簡素な食事と、温かい寝床をだけを与えてくれた。

佐和子さんは最初の数日間、この慎ましい田舎生活にいたく感激した。

なんて自由なんだ。私もこんな風に、誰に気兼ねすることなく、畑を耕して暮らしたい。

ところが一週間も経つと、そう気楽な暮らしでもないことがわかりはじめた。

夜明けと同時に起床した伯母は、凍えるほど寒くても母屋の裏にある山へ登り、代々祀(まつ)ってきた天女の祠(ほこら)へ手を合わせる。

次に畑の世話をして、作物を収穫し、採った野菜は、その日に食べる物以外、長く保存できるようにすぐさま下処理や調理を済ませてしまう。

料理の材料は野菜だけで、肉や魚はまるで食卓に上がらない。ベジタリアンなのか、単に肉や魚は高価だからなのか、理由は最後まで聞けなかった。

光熱費を節約するため、掃除洗濯など家事の大半は冷水で行い、風呂は二日に一度しか入らない。どんなに寒くても滅多にストーブは付けず、薄い半纏(はんてん)を羽織るだけで一日を過ごす。

一度、畑の柵が壊れた時などは、何時間もかけて庭の作業場で木材を切り分けると、一日かけて新しい柵を作り直していた。建付けの悪い扉を直すのも、雨戸のひび割れを塞ぐのも、割れた屋根を補修するのも、すべて自分でやらなくてはいけない。

いくら畑があるとはいえ、日用品は必要だし、光熱費や水道代の支払いもある。そのため伯母は、片道三十分以上かけて自転車を漕ぎ、週二回、商業施設で夜間の清掃アルバイトをこなしていた。さらに余った時間でシール貼りの内職もしており、これは佐和子さんも手伝ったが、途方もない手間と、それに見合わない対価を知って、僅かな生活費を稼ぐだけで、どれほど大変なのかを初めて学ばされた。

他人と関わらない魂の自由はある。ただその代わり、伯母は朝から晩まで身体を動かし、汗をかいて生活している。そんな姿を見るにつけ、佐和子さんは理想の田舎暮らしを勝手に想像し、羨(うらや)ましいと思っていた自分の浅はかさを恥じた。

周囲に馴染めないのが悩みだったが、伯母が選んだこの孤独で質素で過酷な暮らしにも到底馴染めそうにない。そう思うと、佐和子さんはどこか吹っ切れた気持ちになった。

寡黙な伯母とは多くの会話をしなかったが、佐和子さんを気にかけてくれているのは伝わってくる。うわべだけの激励より、畑仕事や家事、内職などを手伝いながら、伯母の静かな気遣いを感じるほうが励まされて、春休みを終えて家に戻ろうという頃には、佐和子さんは再び学校へ通う決意を固めていた。

「世捨て人みたいな朋子伯母さんとの暮らしが、私にとっては癒やしにもなったし、甘さにも気づかせてもくれました。中学三年生に進級してからは普通に学校へ通い、そのまま高校、大学と進学して、なんとか社会人にもなりました。人間関係が苦手なのは相変わらずですが、それでもなんとかやっています。だから私にとって、伯母はずっと特別な人でした」

進学、就職と生活は変化したが、佐和子さんは独居の伯母を気にかけ、年に一度は家を訪ねるようにしていたので、その後も二人の交流は細々と続いていた。

だからであろう、伯母が末期癌で倒れて救急搬送された時、病院からの連絡は、母親ではなく佐和子さんの所にあった。どうやら伯母は家族の連絡先を聞かれると、佐和子さんの名前しか挙げなかったようで、母親は「やっぱり姉さんは根性が曲がっている」と憤慨して、亡くなるまで一度しか見舞いに行かなかったようだが、佐和子さんは伯母が亡くなるまでの間、仕事の合間を縫っては何度も見舞いに立ち寄った。

最後に病室を訪れた時、伯母はいつもより顔色が良く、ベッドに身を起こした状態のまま、見舞いに来る佐和子さんを待っていた。

この日伯母は珍しく饒舌（じょうぜつ）で、「少し長くなるけれど、どうしても聞いて欲しい話がある」と自身の半生を語りはじめた。

今でこそ寡黙で頑固な朋子さんだが、十代の頃は明るく快活な性格だった。

中学、高校では陸上部で活躍し、長距離走では県大会で優秀な成績を収め、高校卒業後はその体力と根性を買われて、地元の大手工務店へ就職した。

朝早く家を出て一日仕事を終えると、帰宅してすぐに家事を手伝う。朝から晩まで働き通しだったが、都会に憧れる二歳下の妹と違って、地元を出て暮らすつもりはなかった。

父親は林業に携わり、母親は家計を助けるために畑で野菜を栽培していた。

両親は随分と苦労をして、姉妹二人が高校に通う学費を工面してくれた。

おかげで無事に就職できたのだから、今度は自分が恩返しする番だ。

地元を出て都会の専門学校へ進学し、さらには一人暮らしまでしたいと言う妹は、酷く身勝手な親不孝者に思えたが、両親は「好きにさせてやれ」と甘やかすので、少しでも親の支えになればと、朋子さんも少ない給料から懸命に妹の学費を支援し続けた。

そんな朋子さんの数少ない楽しみは、婚約している恋人と過ごす時間だった。

二人は家が隣同士という幼馴染で、小さい頃から仲良しだったが、中学生の時、彼に告白されてからは両家公認の付き合いとなり、高校卒業を機に婚約。ただ、妹が独り立ちするまで両親を助けたいという朋子さんの意思を汲んで、彼は入籍を待ってくれていた。

朋子さんは妹のように都会に憧れたりはしない。

大それた夢はいらないので、生涯、好きな人と穏やかで幸せな家庭を持ち、実家の近くに住んで親孝行をしてあげる。それが朋子さんのささやかな願いであった。


すべてが変わってしまったのは、二十三歳の春。

ようやく妹が卒業して社会人になったので、いよいよ結婚できると話を進めていた矢先、大雨で裏山の地盤が緩んで土砂崩れが起き、運悪く畑に出ていた両親が呑み込まれた。

余程苦しかったのだろう、掘り起こされた両親の顔は苦悶に歪んでおり、白目を剥き、叫ぶように開けた口から、黒くぬかるんだ土が溢れる様は、穏やかに暮らしてきた朋子さんが初めて触れる圧倒的な死、心底震える本物の恐怖であった。

これからやっと、楽をさせてあげたかったのに。二人に孫の顔を見せたかったのに。

悲嘆に暮れながら両親の遺品を整理していると、父親の作業机の中に、朋子さんに宛てた書き置きがあるのを発見した。几帳面な父親らしく、万が一の際を想定して、仕事や親戚の連絡先、娘たちに残す物、処分すべき物、必要な手続きなどを書き留めてあるのだが、最後のページには、「天女様に願い事をしたら、叶うまで毎日祈りを捧げること」という一文だけが、まるで警告のように大きく書き残されていた。

母屋の裏手には、畑のほかに大きな山がある。この山までが所有地なのだが、山は危険だからと両親に禁じられていたので、朋子さんも妹も滅多に立ち入ったことがない。

この裏山に入って十分ほど登った所に、由来の不明な古い祠が建っているのだが、個人所有ということもあり、地元でも存在すら知らない人が大半で、祠にまつわる資料もまったく残されていない。ただよくある昔話だけは、両親から何度も聞かされて育った。

大昔、空から天女様が降りてきて、日当たりの良い山でうたた寝をしていた。

ぽかぽかと陽が照っているので、纏(まと)っていた羽衣を近くの木に掛けたのだが、眠っている間に一匹の鷺(さぎ)が麓まで運んでしまい、目覚めた時には羽衣がどこかに消えていた。

天女が周囲を見渡すと、山の麓にある木こり小屋の前で、光る羽衣を纏い、嬉しそうに笑っている娘が見えた。

これに違いないと天女は近づき「返しておくれ、それがないと天に戻れない」と頼んだが、娘は「いやじゃ、いやじゃ」と泣いてしまった。

天女は、娘の父親である木こりにも頼んだが、足が不自由でいつもは床に臥せている娘が、綺麗な羽衣を拾って大喜びする姿を見て、木こりはどうしても返す気になれない。

困った天女はひとつ思案して、「もし返してくれるなら、子孫代々、ひとつずつ願い事を叶えてやろう」と木こりに伝えた。

「ならばまずは俺の願い事だ。娘の足を治してみろ」と木こりが言うと、天女の全身が淡い光に包まれ、その手で娘の頭を撫でた途端、娘は元気に辺りを駆け回りはじめた。

それを見た木こりはすっかり驚いて羽衣を返すと、天女は「願い事を叶えたくば、我を祀って日々手を合わせよ」と言い残し、そのまま空へと昇って行った。

木こりは、天女がうたた寝した場所に小さな祠を建て、生涯手を合わせ続けた。

そして木こりの子孫たちもまた、この祠に祈りを捧げると、一生に一度だけ、天女の加護で願い事を叶えることができるのだという。

両親はそんな昔話を真面目に信じており、毎日必ず山へ入って祠に手を合わせた。

ただ、子どもは決して連れて行かず、むしろ祠に近づくことを禁じられていたので、大人になってからそのことを父親に尋ねてみると、「天女様に一度願い事をしたら、叶うまでは毎日手を合わせないと駄目なんだ。お前は止めておきなさい」ときつく窘(たしな)められた。

「だとしたら、なんで父さんと母さんは手を合わせるの?」と聞くと、「妹を産んですぐに、母さんは大病を患ったことがあってな。父さんはその時に願い事をしたんだ。そうしたら魔法みたいに元気になった。そうしたら今度は母さんが、『娘二人が元気に育ちますように』と願い事をしたんだ。おかげで二人とも病気ひとつせず元気に育ってくれた。だから天女様に感謝を込めて、毎日お参りしているんだよ」と父親は優しく微笑んだ。

書き置きを見つけた翌日、朋子さんは初めて裏山にある天女の祠へ祈りを捧げた。

父親からは、「もし願い事をするとしても、天女様はお優しいから、奪ったり壊したりする事は叶えてくれない。金持ちになるとか、偉くなるとか、そういう我欲にまみれた願い事もいけないよ。自身や家族の健康、人の幸せを祈るように」と言われたことを思い出す。

もちろん、朋子さんも強欲な願い事をするつもりはない。

でも、真面目に懸命に生きてきた両親が、いとも簡単に、惨たらしく亡くなる姿を見ると、命の儚さを感じて本当に恐ろしくなった。

両親のように、土砂にまみれて苦しみながら死ぬ、あんな最期は迎えたくない。

愛する家族に囲まれて、最期まで幸せで穏やかに暮らせますように——。

朋子さんはそう願いながら天女様へ手を合わせた。

信じていたわけではない。ただ、悲しくて願わずにはいられなかっただけである。

ところがその夜、朋子さんの枕元に、淡く光る着物姿の少女が姿を現した。

そして耳元で、「願い事を、叶えてあげる」と囁(ささや)かれた。

以来、朋子さんには天女様の神託が、「予知夢」の形で下るようになった。

そう多くはない。でも節目になる出来事があると、明晰(めいせき)な夢を見る。

夢の中では、必ず良くないことが起きる

信じたくないが、そのままにしておくと、本当にその通りになってしまう。

ただ、夢で見た光景を変えることはできる。

だから神託に従って、未来をより良く変えていけば、いずれ願い事が成就する。

愛する家族に囲まれて、最期まで幸せに穏やかに暮らせるはずだ。

最初に見たのは、恋人と一緒に畑を耕している夢だった。裏山から轟轟(ごうごう)と音がして、振り向くと土砂が波のように押し寄せて、二人とも生き埋めになってしまう厭(いや)な夢だ。

目が覚めてしばらく経っても、まるで今見たかのように鮮明な光景が頭に残り続ける。

その日は、恋人が荒れた畑の手入れを手伝ってくれる約束だった。

偶然とは思えない符合に、すっかり気味悪くなった朋子さんは、恋人に体調が悪いと嘘をついて、この日は畑に出るのを止めた。

すると昼過ぎ、家の裏で大きな音がした。飛び出してみると、山で小さな地すべりが起きたようで、本当に畑一面が土砂に覆われていた。

あのまま畑に出ていたら、二人とも大変なことになっていたかもしれない。

次の夢は、勤め先の工務店の社長から、「もうすぐ結婚して家を出るなら、山まで含めた土地すべてを、相場より高く買い取らせてくれないか」と提案されるものだった。

最初は喜んで承諾したものの、「山の祠は壊さずに残しておく」という口約束が破られ、ブルドーザーが天女の祠を粉々に壊してしまう夢だった。

翌日会社へ行くと、社長から本当に夢で見た通りの提案をされたが、朋子さんはきっぱり断った。ただ断る理由を訊かれて、「社長が嘘つきだから」とつい言ってしまい、そのことで社長との関係は急速に悪化し、結局、朋子さんは会社を去ることになった。

またある時は、高校からの親友が、自分の財布からお金を盗む夢を見た。

するとほどなくして、その友人から連絡があり、一緒にお茶でもしようと誘われた。

どうやら無職になった自分に、新しい仕事を紹介したいようだ。

ただ勤務地が街中なので、引っ越さなければ通えない場所にある。毎日祈りを捧げる身としては、家を離れて暮らすことは出来ないので、端から断るつもりであった。

滅多に出ない街へ繰り出すと、友人は夢で見た通りの喫茶店へ入っていく。

朋子さんはトイレで席を立つふりをして、陰からこっそり覗いていると、友人は夢に出てきた光景と同じく、机に置きっぱなしの朋子さんの財布へと手を伸ばした。

すぐに駆け寄って「泥棒！」と糾弾したが、友人は澄ました顔で「やめてよ違うってば。財布の柄が可愛いから見ていただけ」と苦しい言い訳をはじめた。

そのまま店内で大喧嘩になり、朋子さんは長年の親友と絶交することになってしまった。


神託のせいで、食生活にも変化が出てきた。

肉を食べ続けてぶくぶくと太り、醜くなった自分が夢に出てくる。

汚らしく口の端から肉汁を垂らし、グヘグへと唸るように笑っている。

これが未来の自分なのか。なんとおぞましい。

他にも、生魚を口いっぱいに頬張り、生臭い息を吐きながら、白目を剥く自分も居る。

魚からは黒い膿のような汁が噴き出るのだが、それを美味しそうに啜っている。

肉も魚もすっかり喉を通らなくなり、気づくと主食は畑で採れる野菜になっていた。

一番ショックだったのは、婚約者にまで裏切られたことだ。

夢の中で、恋人は自分以外の女と楽しそうに街を歩いている。

二人はじゃれ合いながら、ホテル街へと消えて行く。

そして相手の女は、こともあろうに先日絶交した元親友である。

翌日、朋子さんは街へ出ると、夢に見た場所で何時間も待ち続けた。

すると、夢で見た通りの光景で、二人が楽しそうに笑い合いながら姿を現した。

この人と家庭を築き、生涯を共に過ごそうと信じていたのに。

怒りと哀しみが爆発し、涙と嗚咽が込み上げてくる。

号泣しながら、「裏切り者ッ！　人間のクズ！」と絶叫する朋子さんを見て、二人はしばし唖然としていたが、やがて恋人は「誤解だよ」と言い訳をはじめ、「最近、朋子の様子が変だから、相談に乗ってもらっていただけだよ。社長と喧嘩して会社は辞めちゃうし、親友とは絶交するし、うちの家業がレストランなのをわかっているのに、急に肉も魚も食べなくなって、『あなたも食べないほうがいい、身体が穢れると幸せな家庭を作れない』とか言い出すし。このまま結婚していいか不安になって、話を聞いてもらっていたんだ」と、他の女と会っておきながら、まるで朋子さんが悪いかのように弁明をする。

こんな下らない男だったのか。

願い事を叶えて、幸せになる相手はこの人じゃない。

朋子さんは結婚前に教えてくれた天女様に感謝すると、即日婚約を解消した。

こうして、朋子さんの孤独な生活がはじまった。

もう誰も信じられない。でも天女様の予知夢を信じれば、最後には願いが叶うはずだ。

都会に出た妹は、やりたい仕事があるなどと偉そうに言って専門学校へ通ったくせに、就職して数年ですぐに結婚し、仕事を辞めて子どもを産んだ。

ついには「実家の土地を売って、こっちに出てきて一緒に暮らそう」と甘えた声で誘ってくるが、予知夢を見ているので、本当は土地を売った金目当てなのがわかっている。

だいたい、この天女の祠を手放したら、せっかくの願い事が叶わなくなる。

妹だって、母さんが「元気に育つように」と毎日願ってくれたからこそ、病気も怪我もなく成長したというのに、親の心も知らずいい気なもんだ。

次第に妹のことが鬱陶(うっとう)しくなり、連絡を寄越されても返事をしない内に、徐々に縁遠くなり、たまの冠婚葬祭で地元に帰省して来る以外は、顔を合わせることもなくなった。

朝早く起きて裏山に登り、祠に手を合わせて掃除をする。

畑を耕し、家事をして、時々街に出てアルバイトをする。

必要最低限のお金と作物さえあれば、自分一人が生きていくには充分だ。

生活は苦しいが、朋子さんはそれなりに充実した日々を送るようになっていた。

ただ一番辛かったのは、数年後、元婚約者が元親友と結婚したことだ。

彼の家は先祖代々から暮らす立派な日本家屋で、引っ越したりはしてくれない。

朋子さんを裏切って結婚した二人が、すぐ隣の家で暮らしている。

会いたくない、見たくないのに、彼らが幸せな家庭を築く姿を目にしてしまう。

二人は子宝に恵まれ、結婚から十年も経つ頃には、子どもを三人授かっており、朋子さんが畑仕事をしている時など、隣の庭で幸せそうに笑い合う彼らの姿が目に入った。

それでも自分の幸せを信じ、朋子さんは涙を堪えてこの暮らしに耐え続けた。


それからも予知夢に従って、長い年月を生きた。

地元ではすっかり偏屈な変わり者扱いで、誰もまともに相手をしてくれない。

化粧もせず、髪は自分で切り、日に焼けて、土で汚れた作業着の朋子さんを見て、近所の子どもたちは「鬼婆が出たー！」と叫びながら石を投げてくる。

こちらも負けじと、「このクソ餓鬼どもっ！」と大きな石を投げ返してやるのだが、警察から注意を受けるのはいつも朋子さんのほうだった。

それでも祠に手を合わせ続けた朋子さんは、五十六歳の冬、末期癌の宣告を受けた。

あまりにも体調が悪く脇腹が痛むので嫌々病院へ行くと、すぐに全身を検査され、最終的に医師から「末期の肝臓癌で、もう手の施しようがない」と言われた。

余命を訊ねると、まだ若い医師は言葉を濁しながら、「半年ほど……」と小声で呟いた。

病院からの帰り道、朋子さんは何も考えられなかった。

すべてを捨て、質素に真面目に生きてきたのに、結局は病気で孤独に死ぬだけだ。

天女が願いを叶えてくれるなんて、すべて嘘っぱちだったんだ。

絶望しながら自宅の玄関まで来たところで、山の奥から雷鳴のような音がした。

あ、来る――。

そう思った瞬間、山から押し寄せる大波のような土砂が、隣の家を圧し潰した。


かつての立派な日本家屋は、原型を留めない瓦礫に変わり、そこで暮らしていた元婚約者と元親友の二人は、土砂の下から遺体で見つかった。

不幸中の幸いなのは、子どもたち三人は学校に居て命拾いしたことだ。

妬ましくすら思っていた二人は、朋子さんの目の前で、一瞬にして土の下に消えた。

その夜、淡く光る少女が、久しぶりに朋子さんの枕元へ立った。

そして、「良かったね。願い事が叶って」と微笑んだ。

天女様は、いったい何を言ってるんだ。

思わず「ひとつも叶ってないよ」と朋子さんが呟くと、少女は首を傾げ困った表情になり、

「叶ったでしょ、土砂崩れ……」と言いながら、闇に溶けるように消えていった。


嗚呼、まさか。そういうことなのか。

朋子さんの脳裏に、三十三年前、天女の祠の前で、願い事を唱えた場面が甦る。

――両親のように、土砂にまみれて苦しみながら死ぬ、あんな最期は迎えたくない。

――愛する家族に囲まれて、最期まで幸せで穏やかに暮らせますように。


本当の願い事である「愛する家族に囲まれて、最期まで幸せで穏やかに暮らせますように」ではなく、天女様はずっと、そのひとつ前に言った、「土砂にまみれて苦しみながら死ぬ、あんな最期は迎えたくない」のほうを願い事として叶えていたのか。

だとしたら、すべて合点がいく。

予知夢がやらせてきたのは、「この日を避けるため、隣の家へ嫁がないようにすること」と、「願いが叶うまで祠に手を合わせ続けるよう、この家へ縛り付けること」だった。

本当に、ただそれだけ。

そんなことのために、三十三年間、この暮らしを続けてきたのか。

親友を失くし、婚約者に去られ、その二人が幸せな家庭を築く様を、すぐ近くで三十年間、胸が焼けるような嫉妬の中で眺め続けた。

地元の人間から変人と嗤（わら）われ、共同体に馴染まない厄介者として疎まれ、普通に生きていればまだ女盛りであろう四十代には、子どもたちからは鬼婆と石を投げられた。

美味しい食事をした記憶など終ぞない。自然の恵みに囲まれた土地で、肉も魚も喰わず、嗜好品どころか菓子ひとつ口にせず、ひたすらに耕し、世話を続けてきた、痩せた畑の作物だけを口にして、質素につつましく暮らしてきた。

鏡に映る己を見れば、肌は乾いて老人斑に覆われ、髪は真っ白で薄くなり、所々脱毛症で禿げが出来ている。笑顔を憎み、人を蔑（さげす）み、世を呪い、捻じれた心で生きたせいか、目元や頬には険しい皺が深く刻まれている。

まるで幸福な思い出のないまま、末期癌を患って痩せ細り、五十六歳にしてすでに老婆の姿となった自分が、濁った眼で茫洋と佇んでいる。

死を目前にして、今さら取り返せるものなど、何ひとつない。

あとはただ、枯れ木が朽ちるように最期を迎えるだけ。

すると鏡の中、自分のすぐ後ろに、再びあの少女が姿を現した。

燐光に包まれた美しい少女が、華やかな着物を纏い、無邪気な表情を湛（たた）えている。

そして鏡越しに朋子さんと目が合うと、にっこりと嬉しそうに微笑んだ。

「お姉ちゃん、よかったね。やっと願い事が叶ったよ」

頭の中に少女の声が響いた瞬間、朋子さんの胸の奥で、頭の中で、ぶちぶちぶち、と何か太いものが千切れるような感覚がした。目の奥が熱くなり、視界がぎゅっと狭まっていく。

それが憤怒の情だと気づいた瞬間、ぐぉおおお、と言葉にならない怒号を発し、玄関に立てかけられた鍬と鉈を手に取ると、そのまま裏山まで駆け、力の限り祠を叩き壊した。

激しい怒りの波が過ぎ去り、幾分正気に返った頃には、祠は原型を留めぬほど小さな木切れになって、無残な様相で辺りに散乱していたが、不思議と後悔の気持ちは湧かなかった。


「三十年以上、澱のように溜まっていたものが、すべて噴き出したみたい。もの凄く爽快だったの。もしかしたら、あの瞬間だけが、惨めな人生で唯一幸せだったかもしれない。興奮し過ぎたおかげで、翌日倒れちゃって、ずっと病院暮らしだけれど」

伯母は笑いながら語り終えると、「貴女は自由に生きてね」と佐和子さんの手を握った。


壮絶な話を聞かされたものの、佐和子さんは少々複雑な気持ちだった。

叔母の誠実さや真面目さをよく知っているし、適当な嘘を吐く人ではないが、やはり死を目前にした以上、錯乱しているのかもしれない。とても信じる気にはなれなかった。

「結局、このお見舞いが最後になって叔母さんはこの世を去りました。でも癌で亡くなったんじゃないんです。少し病状が落ちついた時、叔母さんは荷物を取りに一旦自宅へ戻ったんですけれど、日帰り予定のはずなのに、夜になっても翌日になっても病院へ戻って来ない。心配になった病院が警察へ連絡すると、自宅の裏山で、土に埋まって亡くなっている叔母が発見されたんです」

警察や消防の見立てでは、裏山で小さな土砂崩れが起きて、運悪く帰宅した朋子さんがそれに巻き込まれて亡くなったそうである。

とはいえ、荷物を取りに帰っただけなのに、何の用事があって、弱った身体でわざわざ山へ入ったのか、その理由は誰にもわからなかった。

ただこの出来事を聞いた佐和子さんは、伯母の話は本当だったのか、最後まで手を合わせる約束を破り、祠を壊した報いで、伯母は土砂に呑まれたのかと、心底震え上がった。

そして、叔母から最後に贈られた、「貴女は自由に生きてね」という言葉を糧に、不器用で上手くできないことばかりだが、他人にも自分にも縛られることなく、せめて魂だけは自由でいよう、そう思って懸命に生きているのだと、佐和子さんは語ってくれた。

著者紹介

夜馬裕（やまゆう）

怪談師。怪談作家。三代目怪談最恐位（怪談最恐戦二〇二〇優勝）。カクヨム異聞選集コンテスト大賞。第七回幽怪談実話コンテスト優秀賞。インディと怪談師ユニット「ゴールデン街ホラーズ」を結成中。映画、猫、海の生き物、料理が好き。著書に『自宅怪談』『厭談 祟ノ怪』『厭談 戒ノ怪』、漫画原作に『厭談夜話』（漫画：外本 ケンセイ／小学館）、その他共著多数。アマゾンプライムのChannel 恐怖にて「夜馬裕のスジなし怪談」を主宰、DVD作品に「圓山町怪談倶楽部」「怪談最恐戦」各シリーズ、「怪奇蒐集者（コレクター）」シリーズ他多数。

響洋平（ひびき・ようへい）

京都府出身。クラブDJ・ターンテーブリスト・怪談蒐集家。都内主要クラブを始めパリ・シカゴ・ウラジオストク・上海など海外でのDJを展開する傍ら、怪談蒐集家として活動。クラブ怪談イベント「アンダーグラウンド怪談レジスタンス」「恵比寿怪談会」など、音とアートと怪談を融合した気鋭の怪談ライブをプロデュースするほか、怪談系トークライブ、TV番組や映像作品への出演など、その活動は多岐にわたる。アマゾンプライムのChannel 恐怖にて「DJ響の怪談に酔いしれる夜」を主宰。著書に『地下怪談 忌影』『地下怪談 慟哭』。その他、共著多数。

雨宮淳司（あめみや・じゅんじ）

一九六〇年北九州生まれ。医療に従事する傍ら、趣味で実話怪談を蒐集する。二〇〇八年『恐怖箱 怪医』で単著デビュー、続く『恐怖箱 怪癒』『恐怖箱 怪痾』で病院怪談三部作が完結、話題となる。その他主な著書に四大元素シリーズ『恐怖箱 哭塊』『恐怖箱 風怨』『恐怖箱 水呪』『恐怖箱 魔炎』。二〇二三年、九年ぶりとなる単著『怪談群書 墜落人形』を発表。その他、「恐怖箱」レーベルのアンソロジー参加多数。

郷内心瞳（ごうない・しんどう）

宮城県出身・在住。郷里の先達に師事し、二〇〇二年に拝み屋を開業。憑き物落としや魔祓いを主軸に、各種加持祈祷、悩み相談などを手掛けている。二〇一四年『拝み屋郷内 怪談始末』（KADOKAWA／メディアファクトリー）で単著デビュー。「拝み屋備忘録」シリーズ『怪談子宿』『怪談首なし御殿』『ゆきこの化け物』『怪談腹切り仏』『怪談火だるま乙女』『鬼念の黒巫女』『怪談死人帰り』『怪談人喰い墓場』（竹書房）のほか「拝み屋怪談」「拝み屋異聞」各シリーズなどを執筆。共著に『黄泉つなぎ百物語』『怪談四十九夜 地獄蝶』など。

田辺青蛙（たなべ・せいあ）

『生き屏風』で日本ホラー小説大賞短編賞を受賞。著書に「大阪怪談」シリーズ、『関西怪談』『北海道怪談』『紀州怪談』『魂追い』『皐月鬼』『あめだま 青蛙モノノケ語り』『モルテンおいしいです^q^』『人魚の石』など。共著に「京都怪談」「てのひら怪談」「恐怖通信 鳥肌ゾーン」各シリーズ、『怪しき我が家』『読書で離婚を考えた』など。主宰イベント「蛙・怪談ガタリ」はじめ、怪談イベントにも出演多数。

吉田悠軌（よしだ・ゆうき）

怪談サークルとうもろこしの会会長。怪談の蒐集・語りとオカルト全般を研究。著書に『中央線怪談』『新宿怪談』『怪の遺恨』ほか「恐怖実話」シリーズ（竹書房）、『現代怪談考』（晶文社）、『オカルト探偵ヨシダの実話怪談』シリーズ（岩崎書店）、『一生忘れない怖い話の語り方』（KADOKAWA）、『怖いうわさ ぼくらの都市伝説』シリーズ（教育画劇）、『うわさの怪談』（三笠書房）、『日めくり怪談』（集英社）、『禁足地巡礼』（扶桑社）、共著に『会津怪談』『煙鳥怪奇録』シリーズ（竹書房）など。月刊ムーで連載中。オカルトスポット探訪雑誌『怪処』発行。文筆業を中心にTV映画出演、イベント、ポッドキャストなどで活動。

西浦和也（にしうらわ）

不思議&怪談蒐集家。心霊番組「北野誠のおまえら行くな。」や怪談トークライブ、ゲーム、DVD等の企画も手掛ける。イラストレーターとしても活躍。単著に「現代百物語」シリーズ、『西浦和也選集 獄ノ墓』『西浦和也選集 迎賓館』『サワリの森』『帝都怪談』『実録怪異録 死に姓の陸』、共著に『実話怪談 恐の家族』『出雲怪談』『現代怪談 地獄めぐり』などがある。YouTubeチャンネル「西浦和也の怖イ話」(@nishiurawa1999) にて怪談語り、対談を精力的に発信中。

朱雀門出（すざくもん・いづる）

二〇〇九年に「寅淡語怪録」で第十五回日本ホラー小説大賞短編賞受賞。小説に『今昔奇怪録』『首ざぶとん』など、怪談実話に『脳釘怪談』シリーズ、共著に『怪談五色』シリーズ、『怪談四十九夜』シリーズ、『黄泉つなぎ百物語』などがある。怪談語りも行っており、イベント出演多数。DVDに『怪奇蒐集者　朱雀門出編』『怪奇蒐集者　暗黒死華集I』などがある。

住倉カオス（すみくら・かおす）

怪談最恐戦のMC兼オーガナイザー。出版社のカメラマンとして多くの心霊取材に携わる。アマゾンプライムのChannel 恐怖にて「住倉カオスの怪談★語ルシス」を主宰。著書に『百万人の恐い話』『百万人の恐い話 呪霊物件』、共著に『日本の怖い名城』『実話怪談 樹海村』『実録怪談 最恐事故物件』『恐怖箱 怨霊不動産』『呪物怪談』『黄泉つなぎ百物語』など。

田中俊行（たなか・としゆき）

兵庫県神戸市灘区出身。怪談・呪物収集家、オカルトコレクターの肩書を持つ。稲川淳二の怪談グランプリ二〇一三・王者。怪談最恐戦二〇二一優勝、四代目怪談最恐位。下駄華緒とのYouTubeユニット「不思議大百科」や個人チャンネル「トシがゆく」のほか、メディアやトークイベントなど多方面で活躍中。著書に『呪物蒐集録』『神戸怪談』『あべこべ』など。

幽木武彦（ゆうき・たけひこ）

占術家、怪異蒐集家。二〇二四年一月、通信制私塾「幽木算命塾」開講。後進の指導を開始する。算命学や紫微斗数、九星気学などを使って朝から夜中まで占い漬けになりつつ、怖い話と縁が深い語り部たちと出逢っては、奇妙な怪談に耳を傾ける。第一弾『算命学怪談』(二〇二〇年)を皮切りに「占い師の怖い話」シリーズ三部作を上梓。その他著書に『埼玉怪談』。中の人、結城武彦が運営しているのは「結城武彦／幽木武彦公式サイト (https://www.takehiko-yuuki.com/)」。「幽木算命塾」についての詳細もそちらまで。

松岡真事（まつおか・まこと）

長崎で板前をしながら、怪談を取材、執筆。アルファポリス、カクヨムにて「真事の怪談」シリーズを連載し、百物語を完成させる。二〇二三年、初の書籍となる『お道具怪談』に共著で参加。曰くつきの大工道具に纏わる怪談「二人ハ夫婦」、ホームレスの男性の商売道具に纏わる怪異「チューさんの鳥籠」の二篇を発表し好評を得た。

夕暮怪雨（ゆうぐれ・かいう）

神奈川在住の怪談作家。怪談師のおてもと真悟と怪談ユニット・テラーサマナーズ結成。作家業にとどまらず、トークイベントやYouTubeテラサマチャンネル、ポッドキャスト（誰も知らない怖い話）にても活動中。主な共著に『呪録 怪の産声』『実話怪談 怪奇島』『投稿 瞬殺怪談』『投稿 瞬殺怪談 怨速』『恐怖箱 呪霊不動産』『村怪談 現代実話異録』。

ホームタウン

実話怪談にのめり込み二〇一九年より本格的に怪談蒐集を開始。現在『杜下怪談会』『谷中怪談会』『銀座一丁目怪談』『恐点』等、都内を中心に怪談会の主催や出演など精力的に活動中。主な共著に『呪録 怪の産声』『お道具怪談』。

★読者アンケートのお願い

本書のご感想をお寄せください。アンケートをお寄せいただきました方から抽選で５名様に図書カードを差し上げます。
（締切：2024年5月31日まで）

応募フォームはこちら

予言怪談

2024年5月7日　初版第一刷発行

著者……………………………………… 夜馬裕、響洋平、雨宮淳司、郷内心瞳、田辺青蛙
吉田悠軌、松岡真事、西浦和也、朱雀門出、住倉カオス
幽木武彦、夕暮怪雨、田中俊行、ホームタウン

デザイン・DTP ……………………………………………… 荻窪裕司（design clopper）

発行所……………………………………………………………………… 株式会社 竹書房
〒102-0075　東京都千代田区三番町８－１　三番町東急ビル６F
email：info@takeshobo.co.jp
https：//www.takeshobo.co.jp

印刷所…………………………………………………………… 中央精版印刷株式会社